青春期，
父母必须知道的24个关键问题

陈品皓◎著

中国妇女出版社

图书在版编目（CIP）数据

青春期，父母必须知道的24个关键问题 / 陈品皓著
. -- 北京 : 中国妇女出版社, 2018.1
ISBN 978-7-5127-1525-7

Ⅰ. ①青…　Ⅱ. ①陈…　Ⅲ. ①青春期—家庭教育
Ⅳ. ①G782
中国版本图书馆CIP数据核字（2017）第239726号

原著作名：《我想陪你长大》
原出版社：木马文化事业股份有限公司
作者：陈品皓

著作权合同登记号　图字：01-2017-5256

青春期，父母必须知道的24个关键问题

作　　者：陈品皓　著
责任编辑：陈　元
封面设计：尚世视觉
责任印制：王卫东
出版发行：中国妇女出版社
地　　址：北京市东城区史家胡同甲24号　　邮政编码：100010
电　　话：（010）65133160（发行部）　　65133161（邮购）
网　　址：www.womenbooks.cn
法律顾问：北京天达共和律师事务所
经　　销：各地新华书店
印　　刷：北京通州皇家印刷厂
开　　本：165×235　1/16
印　　张：12.75
字　　数：133千字
版　　次：2018年1月第1版
印　　次：2018年1月第1次
书　　号：ISBN 978-7-5127-1525-7
定　　价：36.00元

成长，是这么一回事

很多家长常常问我：“面对青春期的孩子，要怎么教？”

这通常会引发我一连串的问题，包含父母遇到的问题、家中的状况、孩子的状态、生长的背景、教养的经验等。你可能会想，不过就是一个简单的问题，怎么可以东问西问地说这么多？

因为，这就是我在面对孩子时的基本态度：**“同样的问题，在不同孩子身上引发的原因各不相同，牵涉到他的生长、家庭与环境。没有任何一个人是相同的，相同问题背后的原因也不同。”**

每个孩子有各自的特质、个性，因此教养不会有定律，顶多就是通则。而通则往往是从许多前人的经验、理论与研究中归纳出来的大方向，但教养最终仍然要回归到每个孩子的独特性来思考。也就是说，知道孩子的特质，只是让我们心里有个底，知道什么对他是合理的期待，什么是无理的要求，该如何设定适合的目标，该如何避免无谓的麻烦等。

面对孩子，父母应该都有一些课业以外的期待（像是品行的养成、负责的态度、价值的判断、诚信的原则或人际沟通能力等），不妨先试着厘清你对这些目标的定义，就会比较清楚对孩子教养的松紧与标准，该如何拿捏或回应。同时也别忘记，孩子的状态往往会反映出家庭的状态，而家庭的状态则是由父母来决定，有些可能是父母无法改变的部分，有些则是父母自己正在经历的困扰（个性、经济、婚姻、工作等），这些状态彼此之间就像齿轮卡住另一个齿轮相互影响，因此父母照顾好自己，在某种程度上也就是照顾好孩子，当孩子因为家庭中缺乏关爱而必须自立时，缺憾也将同时埋进心里，根深蒂固。

很多时候，我们可能会因为种种原因而在教育上显得心有余而力不足，陷入许多难题与矛盾之中。不过身为父母，照顾孩子始终是我们的责任，因为孩子很难在家庭的变动中让自己安定，他的自愈能力来自家人的呵护、萌发于家人的关爱，这种呵护与关爱，并不是宠溺与放纵，而是重视孩子，每天保持良好的相处质量。

亲子之间相处的质量，往往取决于我们做的这件事：安静地听孩子说他的困扰、担心以及喜悦。聆听是决定相处质量的关键，良好的聆听，只要做到以下三点便可：不急忙打断、不急着评价、不急着给答案，这样我们就有机会走进孩子的心里。

我一直相信这世界上存在某种教育类型，是适合孩子身心发展的理想环境的。从事辅导工作这么多年以来，我归纳了自己亲眼所见、亲耳所闻、亲自接触孩子与家长的结果，发现理想教育的原则很简单：有质量的爱与关怀、可预测的生活，以及规则清楚一致的赏罚原则。

① 有质量的爱与关怀，指的是亲身的陪伴，而非着重物质的给予，玩十分钟的两人传球也比让孩子独自玩一小时的计算机更好。

② 可预测的生活，指的是家庭的生活作息越规律越好，减少生活中的变动，让孩子能够身心稳定。

③ 规则清楚一致的赏罚原则，指的是让孩子学习到自己行为与后果之间的联系，而不会有任何缝隙可钻，这是责任养成的基础。最后，跟广大父母分享安东尼·德·圣·埃克苏佩里（《小王子》作者）的一句话：“如果你想做一艘船，不要找一批人来搜集木材、指挥分配任务与工作，而是教他们渴望浩瀚无尽的大海。”

我由衷地希望，孩子能在我们的引导与陪伴当中找到属于他们的“大海”。

目录 | CONTENTS

第一部分 | 你到底在想什么

关键问题 01

青少年的心理特性……003

关键问题 02

该介入或放心：与青少年的沟通技巧……010

第二部分 | 青春期常见问题

关键问题 03

被同辈霸凌的孩子……023

关键问题 04

会霸凌他人的孩子……032

关键问题 05

孩子谈恋爱时，该阻止还是鼓励……039

关键问题 06

我的孩子和“恐怖情人”……047

关键问题 07

孩子不够大方外向，需要担心吗……055

关键问题 08

过分害羞的孩子……062

关键问题 09

该怎么面对孩子的人际关系……072

关键问题 10

整天抱着手机不放的孩子……080

关键问题 11

为什么会造成网络成瘾……087

关键问题 12

孩子为什么不懂父母的辛苦……095

第三部分 | 青春期常见特殊问题

关键问题 13

小事也容易焦虑的孩子……104

关键问题 14

如何改善孩子的焦虑……110

关键问题 15

父母防不胜防的困扰——孩子的厌学问题……118

关键问题 16

点亮孩子心中的灯——谈青少年忧郁症……126

关键问题 17

当孩子自我伤害时……134

关键问题 18

与父母处处唱反调的孩子……142

关键问题 19

青少年与毒品……151

关键问题 20

献给过动儿家长的你……158

第四部分 | 我想和你一起面对

关键问题 21

青春期就一定是叛逆期吗……166

关键问题 22

青春期高效能沟通法……173

关键问题 23

孩子的自我概念与生涯规划……181

关键问题 24

当孩子遇到困难时，我能向谁求助……189

第一部分
你到底在想什么

孩子有一天终究会离开这个家，而他对家的挂念来自与家人的联系，而联系建立在彼此关系的质量之上，而质量决定着你们互动的方式。

关键问题 01

青少年的心理特性

这个阶段的孩子特别需要自己的空间，在这个不会被打扰、有自主权的空间当中，孩子也在延伸他的权力。

他不想跟你走得太近，不是因为不爱你，而是因为他开始希望用自己的方式探索世界、表达自己。

我在各级学校以亲子关系作为主题的演讲至今上百场，每次在演讲开始前，我都会先试着了解为什么父母会来参加座谈会，他们的主要疑惑是什么。

几年统计下来，初、高中生家长最想知道有关青少年的问题前三个分别是：

① 孩子到底在想什么？

② 要怎么跟他们沟通？

③ 怎么处理孩子使用3C产品[1]及网络的问题？

看来，从孩子进入青春期的阶段开始，父母和孩子的相处似乎变得不再简单。在本书的开头，我想先来谈谈第一及第二点（网络问题请参考第80页“关键问题10　整天抱着手机不放的孩子”），因为这对我们的亲子关系将会有长期而深远的影响。

孩子读初、高中后，我们可以感受到自己跟孩子的距离似乎变得越来越遥远。这是因为彼此生活中的交集减少，许多孩子五点放学后就要赶着去补习班，上到八九点回家又要赶学校的作业，接着洗澡、上床睡觉，我们和孩子的接触频率变低，于是话题跟着减少；心理交流变少，因此互动更少，这又让原本不多的交集继续减少。好不容易有时间讲一下话，我们又被孩子的冷漠态度或行为气到忍不住多说几句，没想到只是说几句，孩子却又因此生闷气，然

1　3C产品，就是计算机（Computer）、通信（Communication）和消费类电子产品（Consumer Electronics）三者结合，亦称“信息家电”。

后整个再回到上面的循环里。互动少再加上青春期的激素来搅局，让事情因为情绪的影响而雪上加霜。真是无奈呀！

首先，孩子在想什么？说真的，我们永远也不会知道。因为青春期是一个孩子从大人身边分离逐渐迈向独立的阶段，而孩子的秘密便是这段成长的见证。

你可能会疑惑，青春期跟秘密怎么会有关系呢？其实这个关系的关键，就在孩子的身心能力。你可以想想看，当孩子还小的时候，大脑跟肢体动作能力都很有限，所以能够活动的范围就在父母身边，每天生活的重心就是父母，父母就是他的全世界，能带着他到处见识体验。随着孩子越长越大，各项认知能力越来越强，当他记得多，就能跑得远，而一旦活动范围超出了父母的视线，那个父母看不见的地方就开始有了“自我”的存在：他和朋友在公园里的冒险游戏、在托管班的嬉笑打闹等。**秘密就是在这些亲子没有教会的生活经验中开始萌芽，秘密的另一个名字叫作“我”：我跟你不同的地方，在于我们开始有了各自的生活范围、人生故事，从这些经验中淬炼出我们各自看待世界的方式。**

从依赖迈向独立

所以讲到这儿，有一个重点：秘密之所以叫秘密，是因为孩子只开放给他愿意开放的人，就算你拥有他足够的信任，也不代表你能走进他的秘密。至于开放的标准是什么，我想大概只有孩子知道，尽管很多时候他可能也不清楚原因。**所以，我们做父母的首先要学习的就是放下什么都想要知道、什么都想要掌握的心态，因为这不符合孩子成长的心理特性。**

这个阶段的孩子特别需要自己的空间，在这个不会被打扰、有自主权的空间当中，孩子也在延伸他的权力。他不想跟你走得太近，不是因为不爱你，而是因为他开始希望用自己的方式探索世界、表达自己。他通过刻意跟你保持距离来彰显自己的存在，并且把过去亲密的亲子式互动视为一种表面上恶心的事情（但大部分孩子内心仍然很重视，只是排斥过于亲近的形式）。你若不信，可以做一个简单的试验，在星期一的早上陪孩子上学，然后试着要牵他的手，并在校门口跟他亲吻道别，你很快就会换来他一个星期不想理你的结果。

所以，这个阶段给予孩子适当的空间，反而比较容易增进亲子间的联系，也就是“有点儿黏，又不要太黏”。

互动方式决定互动质量

这是一个孩子身心发展都迈入新阶段的时刻，孩子的改变也将影响我们彼此互动的方式，也是这本书的初衷之一。为什么特别要跟家长讨论面对青少年的沟通方法呢？

我想要通过你自己的亲身经验来回答这个问题。现在要请父母一起回想一下，当你还是小学生的时候，和你的爸爸或妈妈互动的任何一段回忆。

在那段回忆当中，你是用什么角度看你的爸爸或妈妈呢？如果没意外，你应该会记得不管是和父母聊天、玩游戏或是被责骂，我们总是抬着头看着他们，他们是一个高高大大的形象，看起来就像是巨人一样，说什么就是什么，无从反驳或辩解。

再过了几年，当你毕业、当兵、参加工作、开始有能力寄钱回家之后，回想那段时间你是用什么角度来看爸爸或妈妈呢？跟小时候比起来，现在看他们的角度比较平行了，你长高了一些，说话的分量似乎也大了一点儿。你发现不知道从什么时候开始，他们已经不再骂你打你，就算他们不赞同你的想法，也只是发发牢骚或沉默，甚至语气比较平和地说出他们的看法，不太像过去直接否定你的意见。好像，彼此的关系有些不同了。

现在，当你逢年过节带着孩子回去探望父母，这时候面对他们，你发现眼前那个头发斑白、身形瘦弱，身体健康犹如风中残烛，常常让你挂念的老者竟是过去在你的世界中唯一可以呼风唤雨的巨人。现在的你，低头看着眼前垂垂老矣的父母，那背后，又是什么样的心情呢？

当我们走过人生每个不同的阶段时，和父母的关系似乎也出现不同的角度跟感受，面对这种关系的转变，你有没有什么感受或想法？请你好好感受一下这些差异背后的心情。因为有一天，这些感受也同样会发生在你和你的孩子身上。

随着他们的年龄渐增、身高渐长，他们看你的视角也会跟着改变。此时，孩子心理的高度也是跟着他们生理的强度和权利一起变强的。到了他们低着头看你的那一天时，你希望在那个时刻，他用什么样的心情看你？是一种解脱？是一种逃避？是一种疏离？还是一种亲密？

你对于那一刻的期待，就是我们现在可以开始动手做的事：和孩子建立一个稳定而持久的联系。**孩子有一天终究会离开这个家，而他对家的挂念来自与家人的联系，而联系建立在彼此关系的质量之上，而质量决定着你们互动的方式。**这代表我们面对孩子的方式与态度，也需要与时俱进。否则，关系的质量将可能在固着的僵化中流失。关于这一点，我们该怎么做呢？

在下一篇，我将要教你几个相当好用的沟通技巧，这是近年来我在带领许多亲子团体、讲座与临床实务中，得到最多家长经验肯定的简单技巧，适合用来处理亲子冲突、争执，以及任何想要表达你想法的时机。

关键问题 02

该介入或放心：与青少年的沟通技巧

有时候孩子做或不做某件事情，倒不是跟事情对错有太大关系，而是因为他知道做这些事情会伤害他所在乎的人，而这些都需要通过有效的沟通才能让孩子理解。

孩子总是通过违反规则来测试自己的能力。

我们在前一篇提过孩子在这个阶段的心理特性——对于规则处在一个矛盾的状态。过去还小的时候被家人的规则规范，现在则是想要通过挑战规则来确立自己的权利。因此当孩子默默地、有意无意地违反规则时，他的心头会有一些紧张与雀跃，这种测试会不断慢慢地在将来的日子里出现，孩子越大，这种权利的展现越会成为他自主的一面。像是我们小时候吃饭都被规定要安静地吃、坐要有坐姿，但是长大之后，我们开始会想怎么吃就怎么吃、想怎么坐就怎么坐，不再管家里的那一套。

所以，初、高中的年纪，也是孩子开始经历从过去被大人规范到现在挑战规范的过渡阶段，亲子间的冲突是避免不了的，这时候，你很快就会发现，过去强硬压制或大声谩骂的方式效果不大，至于喋喋不休的精神轰炸，同样也会使彼此变得厌烦对方。

在这里，我要先教父母一些处理自我情绪的心法。为什么是先教父母呢？因为你们就是孩子学习的模范，如果你们自己都做不到，就会让孩子用同样态度的借口反驳："你们都可以？为什么我不行？"

面对冲突时的自我控制法

1. 先深呼吸十次或暂时离开

通常在高涨的情绪下，大脑出于本能反应，会立刻启动我们全身"战或逃"的生存系统，其速度之快，超过我们可以觉察的范围。而在大脑“战或逃”系统被启动的情况下，往往容易出现攻击或冲动的反应。这时，若可以先深呼吸十次或暂时离开当下的情境，将会让我们的大脑理智系统有机会重新接管脑部的运作，缓和激动的情绪，理性处理眼前的问题。

2. 别忘记你的目标

别忘记，策略与手段是跟着目标走的。在面对孩子令人困扰的问题而做出任何举动或响应前，请先问问自己：“我这么做的目的是什么？是要帮助孩子在事件中有所成长，还是只在处理我自己不满或生气的情绪？身为孩子模仿的对象，我该怎么做比较恰当？”

厘清目标，将有助于父母看清楚自己的立场，并且选择适当的反应。

责骂或处罚有时候是必要的，因为孩子本来就应该学习为自己的行为后果负责，同时我们也应该尽量避免在责骂时出现任何侮辱或攻击孩子人格的语言，有时候这种语言就像洒在白衬衫上的黑咖啡，很可能给孩子带来无法修复的深层影响，也让自己后悔。

亲子冲突时的具体沟通法

利用前面的方法，父母可以在平时锻炼自己的情绪稳定力，甚至也可以用这套方法教孩子处理他的情绪。不过，有时候冲突来得相当快，我们平常的修炼若在当时施展不出来，又该怎么办呢？我来教你四个处理冲突的简单技巧，由浅到深，按照次序逐步运用，就可以达到事半功倍的效果。它们不但能有效解决冲突、避免更严重的对立，也有可能提高对话质量。这四个步骤分别是：

步骤1：撷取注意力

不知道父母还记不记得，在你上小学、初中时，当老师上课后走进教室，发现全班闹哄哄完全没有在意老师的时候，他走上讲台，既不开口批评，也不记下违规的学生是谁，他就只是站在那里，做了一件毫不费力的事情，结果全班几乎马上就安静下来了，你还记得是什么事情吗？

没错，他做的事情就是：不说话，眼睛看着每个人。

神奇的是，老师只是看着每个人不说话，全班竟然就安静下来了，你知道这是为什么吗？这跟大脑构造是有关系的。我们的大脑有一个很重要的功能，就是让你随时可以注意到环境中可能会威胁你生命的刺激，并且将注意力放在那个具备威胁的刺激上。因此，当你只是看着孩子不说话时，不管你们先前在做什么，孩子都会因为这种被注视的威胁感而将注意力放在你身上。

这个注意力的聚焦有几个好处：

① 注意力放在你身上，而不是放在引发冲突的事件上。

② 降低冲突升高的趋势，并把控制权拉回到你的手中。

③ 这也是你缓和情绪的空当，不会被孩子牵着走。

④ 利用这段时间思考你要说什么。

步骤2：一语中的，反映情绪

当孩子的注意力回到你的身上时，此时你可以使出第二招——“一语中的”。也就是只要你说一句话，就能反映出孩子的情绪状态。

心理学研究很早就发现，当我们能够具体说出自己现在的情绪状态时，此时大脑中跟某些生气、愤怒等负面情绪有关的区块也会开始降温，出现逐步冷却的现象。这里面有一个可能的原因，就是当我们能够说出自己的情绪时，其实就是自我觉察的开始，觉察本身是一种注意力的转变，也就是你把自己的注意力从原本外在的状态或事件上抽离，拉回到自己身上，这种注意力的转变，本身就能够让你不再被对立的事件或对象牵着走。

因此，要帮助盛怒或生气中的孩子达到这样的效果，你可以把自己当作那面反映他情绪的镜子，你只需要看着他，语调平稳地对他说："你现在很生气，是不是？（简洁摘要）我看你整个人脸红脖子粗、讲话变得比平常大声（具体的形容），你现在很生气对吧？（拉回到抽象的情绪）"然后停顿一下，让这句话能够先被孩子听进去。

你通过语言反映孩子的情绪，不但可以帮助他觉察自己的情绪，也可以让他跟自己当时的身心状态连接在一起，而不会出现思绪在过去、身体在此刻的失调，身心一致的状态带来了某种平衡感。即使孩子不承认或否认自己的情绪，你也会观察到他开始慢慢出现一种降温的趋势。这是因为你的话能够带来某种引导和暗示，把孩子的注意力拉回到他自己身上。

步骤3：避免无效的沟通方式

当孩子能够把注意力拉回到你身上，并且情绪开始有些缓和后，这时候最重要的关键就是不要制造进一步的对立，并且有效地说出你想说的话。**即你说的话能够被孩子真正地听见，而不是制造**

更多的应付或敷衍了事。请先看看以下几个句子，边看边想象一下，如果是你听到的话，感觉是什么？

“你在干吗？是要跟你说几遍你才会懂？”

“你每次都是这样，每次说好每次都不会做！”

“你这个样子真的很糟糕！”

“你看看你，非要搞坏自己身体才罢休！”

这些话，有没有觉得很熟悉呢？你听到这些话的感觉又是什么？如果这些话是对你说的，你会不会有点儿不舒服？你知道为什么会有这种感觉吗？

道理很简单，因为当我们在沟通时，用了“你”开头的句子，后面接着一些建议或否定的内容，往往容易引发对方出现“被否定”的感觉。之所以会有“被否定”的感觉，是因为对任何人来说，我们都希望保持自己价值的完整性。因此，一旦我们感觉到自己被否定时（有时这种感觉来得很快，甚至是一种无意识的状态），就会本能地想要防卫武装自己，把对方的建议或否定看作一种攻击，一旦有被攻击的感觉时，就会想要反击，让对方也受到同等的伤害，这样做的结果往往就是我们没有听到建议，反而引发更多的对立。这是相当可惜的事情。因为它是一种无效的沟通形态，不但没有把你真正想说的事情有效地传递给对方，反而带来更多的冲突和对立，这样的结果是我们想要的吗?

步骤4：深入人心的“我的信息”

如果这不是你想要的，但好像又常常在生活中发生，我要郑重推荐一个可以有效改善上述问题的沟通方法。长期以来，这种沟通法不管在辅导心理咨询、班级经营或是亲子关系等各种领域中，都因为它的实用性与有效性广受使用者的好评，而成为亲子关系中最重要的沟通策略之一，它的正式名称叫作“我的信息”。

“我的信息”不但可以有效提高沟通质量和效率，而且与大部分的沟通技巧相比，它结构简单又好操作，把你想说的话通过有效、有逻辑的排列组合表达出来，不但可以让孩子更易于接受，也可以减少对立。

“我的信息”的结构有三个，分别是：状况、感觉、原因。

▲状况：描述你所看到的、听到的，有关孩子引发你情绪的事情或行为。

▲感觉：说出你对这些事情或行为的感受。

▲原因：接着说明你之所以会有这些感觉的原因。

为什么这样的排列会有效呢？这背后是有它的逻辑的。

当我们是从自己的角度出发，开口说出我们所看到、所听到的事情，这就会让孩子少了一种“你又要唠叨我”的感觉，而可以先避免不必要的防卫。第二步说出你的“感受/感觉”，感觉或是感受，是一种相当感性的表白，同时又跟理智的事件纠缠在一起，因此当孩子听到你在描述自己的感觉时，那将会是一个彼此心灵贴近的时刻，让彼此可以由情绪聚焦在事件本质的判断。最后，表达出你的“原因”。我们对事情之所以会有情绪，通常跟你对事情的看法有直接的关系，你的态度在最后表达出来，也比较能够让孩子听到。这虽然不代表孩子一定会改变，但是让他能够理解到他的行为跟你的态度之间的落差，是如何影响你的情绪的，这也是沟通重要的一环。

现在假设孩子玩手机玩儿到很晚，你在催促他睡觉的时候，他口气很不好地大声对你说：“好啦！我知道了！”然后很用力地走路、刷牙。

这时候，你很生气，又想要纠正他的行为，你会怎么用“我的信息”开口呢？请参考范例一说明。

范例一

状况（你看到些什么）	我看到你从下课回来玩手机玩儿到现在。
感觉（你的感受）	我觉得有点儿担心，也有点儿难过。
原因（感受后的理由）	因为我担心玩手机会影响你睡觉的时间，影响你的作息。

练　习

状况（你看到些什么）	我看到
感觉（你的感受）	我觉得
原因（感受后的理由）	因为

给父母的建议

利用一个星期里某一个时间、空间都不太会被打断的机会，你想针对孩子的某件事情表达想法，你可以练习使用“我的信息”的方式沟通看看。

有时候孩子做或不做某件事情，倒不是跟事情对错有太大关系，而是因为他知道做这些事情会伤害他所在乎的人，而这些都需要通过有效的沟通才能让孩子理解。而“我的信息”也能够增进彼此的关系，提高沟通质量，这一点很重要。请各位父母想象一下，将来有一天当孩子俯视我们时，你希望彼此的关系是权力的更替还是幸福的延续？我们现在就可以决定。

第二部分
青春期常见问题

每个孩子有各自的特质、个性，因此教养不会有定律，最多就是通则。而通则往往是从许多前人的经验、理论与研究中归纳出来的大方向，但教养最终仍然要回归到每个孩子的独特性来思考。

关键问题 03

被同辈霸凌的孩子

霸凌绝对是要严肃面对的事实。但霸凌不是一个单一事件，而是一种个人、环境与各个系统间的复杂关系，因此绝对不是安抚当事人，处罚霸凌者就好。不管是被霸凌者或霸凌者，都是需要被帮助的对象。

“我要杀了他全家！那个王八蛋！”

只见初三的阿胡气呼呼地大声嚷嚷，边说边走进会谈室，他怒气冲冲地向我抱怨班上的杰文，说话的同时还不断地来回踱步，就像一座火山不断地喷发愤怒的岩浆，一不小心就可能烫伤旁边的人。

“你看起来很生气。来，先坐这里，怎么了？”我用手轻轻拍拍他旁边的椅子，试着柔声地提出邀请。只见阿胡涨红着脸，人开始慢慢沉默，不一会儿的时间他整张脸垮了下来，瘫坐在沙发上。我静静地看着阿胡，他开始低声啜泣了起来。

“为什么他们要这样对我？我已经很忍耐了，但是他们还是不断在背后欺负我，一定要我去死给他们看是不是？”“你知道吗，我都不敢跟我父母说，跟他们说也没有用，他们也帮不上忙，到学校这些人还不是照样欺负我。”阿胡眼里泛着泪光，思绪也跟着跳跃着。

“听起来，跟这件事情有关的人不止一个，这也影响你最近在班上的状况？”我刻意放缓自己说话的语调，让自己的速度维持在某一个稳定的频率。

“嗯，对呀，这已经不是第一次了，你知道吗！”

“如果你愿意的话，可以让我多了解一些吗？发生了什么事情？”我邀请阿胡协助我看到他的困难。

“就是国祯他们呀！都是他们在欺负我，他们在脸书（Facebook）上到处说我的坏话，说什么‘垃圾白痴，脑袋有洞为什么还要放弃治疗，长得丑就干脆去自杀算了，干吗还要留在世界上伤别人眼睛’，笨蛋都知道他们在说我。”说到这里，阿胡原本低落的情绪开始转为生气，眼神中充满怨怼。

“嗯，听得出来国祯做的这些事情，对你造成了很大的伤害。”

我静静地听着阿胡描述这些事情，同时想要厘清事情之前发生的经过，但我知道现在这个时刻，阿胡仍处在愤怒的情绪旋涡当中，我试着跟着他的情绪走，同时也想理解阿胡在生气当中让他爆发的点是什么。

“对呀！真的是很白痴的一群人，白痴到极点，看我以后怎么修理他们！”

“有一件事情我不太懂，为什么他们要这么对你？”

“我哪里知道，他们就是这么白痴。”

我点点头，等待阿胡接下来的响应。

“他们不知道为什么就盯上我……应该是之前吵过架，但我忘记为什么吵架了，应该是因为考试还是成绩的关系，他们就叫我白痴，然后故意在我面前跟别人说我坏话，或是呛我，真的是很可恶，我打算不再理他们了，但是他们还是不断在那里说有的没有的。”

听着阿胡说着在班上的种种情况，他在班上的样子跟心情也逐渐在我心中形成了一个图像，在这个图像当中加深了我对阿胡的了解，并且想象着当他被同学针对时，在班上那种惶惶不安的不自在感。

“听起来，他们说你坏话这件事情让你觉得很冤枉，同时也影响你在班上的人际关系？”

“对呀！明明就不是只有我一个人的事情，他们也有份儿呀！凭什么一直说我？一群浑蛋，根本就是针对我！就是想要让我难堪！”

引起霸凌的原因

很明显，这是霸凌。

如果你对我的解释感到质疑，请容我花一点点的时间介绍霸凌。

霸凌是指用各种各样的方法，比如用辱骂的语言、忽视孤立的态度甚至肢体攻击的手段，来增加当事人不舒服的感受。事实上，霸凌几乎是许多青少年在初、高中都会经历的事情，只是程度高低不同、所扮演的角色不同，当我在描述霸凌时，可能有些父母也想到了自己过去类似的回忆。我帮助过许多被霸凌的孩子，引发他们被霸凌的原因有很多种，有一些跟被霸凌者本身的特质有关，有一些跟孩子的某些状态有关，通常这两种状况同时碰在一起，霸凌出现的概率就会增加一些。

1. 个人的明显特质

有些孩子由于个性比较固执、情绪起伏很大、做事情冲动等，因此在班级中容易因为这些明显的表现而被注意。这些个性上的特质容易引发冲突或是造成别人的困扰，然后慢慢形成被霸凌的对象。

2. 个性较为退缩

安静或是害羞的孩子，面对别人的玩笑或是挑衅时，通常也不会有明显的反击，如果他又是个很会隐忍的人，比较容易让霸凌持续下去。

3. 人际关系品质不佳

孩子的人际关系好不好，跟两个因素有关，一个是孩子本身的外在形象、内在特质，一个则是孩子的人际技巧。而人际技巧又跟情绪管理、同理心、表达沟通等能力有关。因此，有前面第一点人格特质的孩子，往往人际关系也会受到影响，如果班上这时候有比较强势或心眼儿小的同学，也可能会出现霸凌的问题。

4. 其他原因

包含孩子的外貌、体型以及课业表现，都有可能成为霸凌的原因之一。有些孩子可能有上述的状况，但都不严重，严重的是跟老师关系不好或是有冲突。在这些状况下，孩子的问题也容易被漠视，而成为霸凌中的受害者。

被霸凌的孩子有没有什么明显的征兆呢？

阿胡的状态正如同许多被霸凌者的典型反应，像是出现了身体症状，抱怨身体不舒服，焦躁不安、暴怒、哭泣、失眠、很低落，有的孩子则是功课一落千丈，对学习不再有兴趣，这些都是警示信号，反映出孩子说不出口的困境。

霸凌者与被霸凌者，都需要被帮助

我很清楚，霸凌的影响并不会随着时间而渐渐烟消云散，相反，霸凌带来的伤害会如影随形地跟着一些人，直到成年他们都还会笼罩在它的阴影当中。许多研究，包括我自己的临床经验都发现，长期处在霸凌下的孩子，自尊会受到损害。自尊是我们对自己接纳的程度，觉得自己有没有价值的主观感受。自己觉得自己有没有价值，这是很重要的一件事，因为它会影响我们对自己的尊重、喜爱，引导自我成长的萌发。一个低自尊，也就是觉得自己没价值的人，往往不太会出现自我成长的行为，长此以往，很容易出现情绪上的问题，进而影响他的生活。

少部分的孩子会在被霸凌之后开始欺负比他弱小的人，也就是所谓的受害的霸凌者，这一部分是因为欺负别人是一种情绪与压力的释放，同时，孩子也在霸凌别人的过程中找到一些仅存的平衡感。

因此，毫无疑问，霸凌绝对是要严肃面对的事实。但霸凌不是一个单一事件，而是一种个人、环境与各个系统间的复杂关系，因此绝对不是安抚当事人，处罚霸凌者就好。不管是被霸凌者或霸凌者，都是需要被帮助的对象，而老师、家长、学校、辅导系统都必须一起合作，才有可能改善这个问题。

“阿胡，今天谢谢你跟我说这些，我知道这对你并不好受，甚至我相信不会有人喜欢这样的状况，同时我好奇的是在这些压力之下，你是怎么度过的？”

评估孩子面对压力时的反应与适应的方法，也是很重要的一部分，这样我才能知道他的适应方法是否合理，是否有任何我必须注意的潜藏危机。

“这件事情我需要做一些处理，包括和老师讨论，之后若有需要我可能也会和你提到的这些人做面对面的了解，我的目标是让这件事情对你的伤害降到最小，我不确定你是否也希望如此？”

阿胡想了想，点点头，抬头说：“我不希望再发生这些事情了，我可以怎么做？”

“好，首先你要记住我接下来说的话。”

“我可以理解，这件事情给你带来许多的压力和痛苦，如果这可以选择，我相信你会用尽所有的方法拒绝这件事发生。而让我感到遗憾的是，它仍然发生了，发生在你身上，并且带来了伤害。我跟你一样，或许永远都不会懂这些人做的这些事、选的对象、依据的理由。但我希望你能记住，往后每一个你为此感到痛心的时刻、感到脆弱的时刻，我要请你拒绝用这些人做的事来决定你的价值，事实上，能够决定你的人，只有你自己。”

给父母的建议

孩子受到霸凌时，往往不太会跟家人或老师反映，因为他们担心大人的介入会让他受到更严重的霸凌，这是一个负向的循环。

一旦家长发现孩子出现不寻常的行为举止时，就应该密切地注意。如果孩子遭受到霸凌，最理想也最有效率的方式就是家长和学校老师一起合作，共同讨论如何妥善地处理，避免孩子遭受到更严重的伤害。

同时，父母面对孩子被霸凌时，记得首先要关注孩子的心情，和孩子讨论如何做可以让他感觉好一些。许多经历霸凌的孩子，都会有相当大的挫折感，甚至怀疑自己的价值与意义，这往往会造成孩子适应不良，甚至出现偏差的行为。因此，除了寻求校方的协助以外，父母提供的正向支持是非常重要的，同时要避免将责任归咎于孩子的表现或行为。

关键问题 04

会霸凌他人的孩子

孩子会霸凌他人，有一部分原因是来自如何面对“差异”这件事。

当差异被掺入主观好恶的时候，我们便落入了价值判断的圈套里。这时候差异成了高低，而刻意用好或坏去凸显高低间的落差，就成了歧视的开始。

在本篇开始之前，先请大家回答以下问题：

（　　）1. 初中生、小学生，每十个人中，有几个人曾有被霸凌的经验？

（　　）2. 初中生，平均每一班会出现几个霸凌者？

（　　）3. 最常出现的霸凌方式是什么？

（　　）4. 被霸凌的人，不会去霸凌别人。

（　　）5. 霸凌对身心发展会有短期的影响，但不会有长期的伤害。

（　　）6. 霸凌者都知道自己霸凌别人的原因。

（　　）7. 霸凌者是因为彼此有过节或冲突，而开始欺凌对方。

（　　）8. 你的孩子曾经霸凌过别人，或在霸凌发生时袖手旁观吗？

（答案详见第38页）

如果你可以回答出这八个题目里面的五题，已经相当厉害了。如果最后一题的答案是“否”，你或许可以略过本篇；但如果最后一题的答案是“有”或“不确定”，那么我还是建议父母花点儿时间来了解这个主题。

过去很多研究都已经指出被霸凌者的特质，然而换个角度想，会去霸凌别人的孩子也是需要我们试着帮助的对象。这可能发生在我们任何一个人的孩子身上，而因为某些原因，我们不易得知真相。

霸凌只等于肢体暴力行为吗

霸凌（bully）是外来语，这个词在早期有负面的意味，其中包含“弱者的”“骚扰者”的意思，有一种欺凌的成分在里面。而中文翻译“霸凌”相当传神，是一种权力不平等的暴力行为，简单来说就是一群人或一个人对受害者长时间故意重复的肢体、语言、心理的攻击行为，受害者通常会因为体型、力量的落差或恐惧心理而无法反抗。霸凌不会选择环境、对象，所以只要有人的地方，往往就会有霸凌的存在。

霸凌简单来说有五种，分别是：

▲肢体霸凌：包括任何肢体的攻击行为，踢打、使用工具、抢夺物品等。

▲语言霸凌：不动手但是动嘴巴，就是用语言辱骂、嘲笑等攻击别人。

▲关系霸凌：用关系疏离或孤立一个人，让周边的人一起排挤他。

▲性霸凌：任何跟性有关的言行都包含在内，像是骚扰，对性器官、性别的嘲笑，对身体的侵犯行为等。

▲反击型霸凌：遭受霸凌后的反击行为。

根据以往经验显示，霸凌大约是在初二时达到高峰，大部分会被霸凌的人都是同班同学，最常见的就是取绰号的语言霸凌，绰号的内容什么都可以取，往往跟体型、姓名有关的谐音或不雅的称谓有关。性霸凌指的则是以触碰身体隐私部位、开黄腔等行为为主。网络霸凌往往是盗用账号、散播不实的言论等。然而最令人诧异的是，许多孩子霸凌其他人的原因往往是觉得好玩儿。再有就是外表或是衣着、不合群的行为，甚至有四分之一的人表示他们不知道为什么这么做。

而这些霸凌绝大部分是发生在学校的下课时间，因此连老师都很难掌握孩子的行为。

父母如何面对与处理

孩子会霸凌他人，有一部分原因是来自如何面对“差异”这件事。我们都知道这世界就是由各种差异建立起来的，但是人们很难不用某种刻度的概念来测量差异的心理距离，因为这是一种人性。然而在没有刻意的觉察下，**当差异被掺入主观好恶的时候，我们便落入了价值判断的圈套里。这时候差异成了高低，而刻意用好或坏**

去凸显高低间的落差，就成了歧视的开始。歧视成为培育霸凌的温床，因此我们很重要的教育理念之一是教导孩子如何看待霸凌这件事情。

比如说，班上有的孩子学习进度比较慢，课业表现落后时，有的孩子就会用开玩笑的口气嘲讽他："他不去补习班太可惜了。""补习班专门回收'废品'，他应该去那里才是。"……这样的话一开始只是简单的玩笑，而玩笑慢慢形成我们看那个人的框架，然后框架影响我们对他的印象，再影响我们对他的态度，态度会带出更多的行为，这一切很可能只是从一个简单、自认没有恶意的玩笑开始的。

当父母发现孩子有霸凌他人的现象时，必须秉持一个非常重要的原则——务必先和学校保持合作的关系，共同了解孩子的行为与原因。这是非常重要的事情，因为在我的经验中，许多家长得知自己的孩子霸凌别人时，态度很两极，不是严厉地教训斥责就是否认抗拒，这会影响家长跟学校合作的基础，甚至破坏亲师关系，影响孩子在学校的权益，这都无法帮助孩子改善行为。因此，如果父母可以和老师合作，有时候比较能够厘清原因。

若是在家中，父母要先确认和孩子的关系是否良好，在良好的前提下，可以非常明确清楚地让孩子知道你不容许霸凌行为。同时，请务必事先说清楚你对孩子出现霸凌行为的处罚方式（避免任何形式的暴力体罚），比如说禁止使用3C产品、减少某些家中的权利或福利（零用钱、周末出游、衣服饰品、电话费用等），这些也能够减少霸凌事件的发生。有时候，当父母表达出对孩子霸凌行为的伤心或失望时，这对孩子就是某种程度的处罚了。

但如果亲子关系原本就存在许多其他的问题，这会影响你处理问题的效率和品质。这时候，我由衷地奉劝父母，先处理好亲子之间的关系，因为这才是最核心的基础。

至于其他方法，像是增加对孩子行踪的掌握、交友情形的了解等，这些都是辅助性的方法，更重要的还是在于父母在家中的教育态度与关注。此外，父母也不要因为面子问题选择隐忍不说，因而丧失了宝贵的介入时间，各种学校内、外的通道，都可以是良好的求助机会。

给父母的建议

老师面对孩子的霸凌问题，通常必须通过班干部、交情好的“眼线”或观察才可得知。

在介入技巧上，除了秉持绝对不放纵的一致态度外，也可以通过一些小方法来处理，比如设计不记名的问卷，问卷中可以进行霸凌行为的教育、价值观的说明，以及调查班上有谁在霸凌，通过这个活动，给予同学一些概念与警惕，让其知道如何应对出现的各种情况。

同时许多研究也发现，当孩子看过有关同理心的影片之后，也会增加同理的能力，而减少欺负别人的行为，利用辅导活动课的时间，通过团体分组辩论“霸凌的后遗症”等活动，也能够增进对霸凌的认知，减少此类行为的发生。

另外，法制教育也是防治霸凌的有效途径之一，通过对于儿童相关法规的说明，让学生知道什么样的行为已经触及霸凌的红线，通常需要负担的法律责任又是什么。通过法制教育，对某些孩子来说会起到吓唬阻止的作用。

第32页问题的答案：

1. 5~8个。

2. 3个。

3. 语言霸凌。

4. 有3成以上会。

6. 1/4不知道原因。

7. 大部分是因为好玩儿。

关键问题 05

孩子谈恋爱时，该阻止还是鼓励

请不要把孩子的失恋当作小事，用轻蔑、忽视或矮化的角度看待孩子的失恋，这将会加重他对你的不信任与情绪。你只需要好好陪着他就好，这些经验将来都会成为孩子人生中的养分，而你的接纳与支持，就是让他学习如何正视、接纳与克服自己的失落，这对他将来职场、感情或任何人际中的关系，都是重要的基础。

如果有机会去请教台湾地区的每一位初、高中老师，他们教学生涯中一定会遇到，却又最不会搬上台面讨论的状况是什么，我想应该就是学生的感情问题。初、高中生的感情问题，每个人都想做、都很会说，但等到真正做了，也多半是偷偷摸摸。

现在我想请各位父母做一个简单试验，靠直觉来反应就好。当我说到“初中生谈恋爱”时，你脑海中第一个冒出来的念头是什么？请停下来想一想（10秒钟），再往下看，勾选出最符合你想法的前三名。

（　　）1. 这是一个人际互动好的开始。

（　　）2. 这是一个自我探索的机会。

（　　）3. 这是培养两性关系的合适时机。

（　　）4. 这是一种不成熟的行为。

（　　）5. 这会影响课业表现。

（　　）6. 可能过早发生性行为。

你选了哪些选项？如果你的答案中包含选项1～3，恭喜你，这是非常开明的态度；如果你的答案中有选项4～6的任意两个，恭喜你，这代表你跟大部分家长的想法非常一致，你并不孤单。

所以，或许我们该说，这个人类历史中最美丽又动人的诗篇，就从情窦初开的小学高年级到初、高中这个阶段开启了序幕。

根据以往学校辅导的经验，感情问题几乎是每个孩子都会遇到的普遍困扰。没错，不是功课学习、不是家庭问题、不是师生关系，而是感情难题。所以，我有必要向父母介绍，孩子在这个阶段面对感情的心态。

为什么孩子想谈恋爱

首先，男女感情的本质是“性”，“性”左右了人类千百年来的历史。但是“性”，不单单只是生理的“性”，如果从字的结构来看，我们就会发现原来“性”由两个重要的元素组合而成：左边的“心”，跟右边的“生”，分别代表心理及生理的部分，两者必须拥有良好的发展，才能代表完整的性，缺一不可。生理的部分很好懂，就是激素的分泌以及青春期的生理变化，随着男女性特征的出现，性探索的大门也跟着开启。然而，影响最深远的是心理的部分。

在这里我们先记下这个结论，同时把场景拉回到学校中的孩子身上，让我带着各位父母一起观察校园中的男女感情现状，试着了解为什么心理元素对孩子的感情有这么重要的影响。

学生通常在成为男女朋友后，会有一小段时间的观察期，根据多数老师一致的经验显示，初中生的恋爱大多数情况下是属于“乱枪打鸟型”，也就是男方可能觉得女生外表条件不错，就全部同时都追追看，若刚好遇到想交男朋友或是对男生有一点点好感的女生，两个人很快就会在一起。这个过程快速、简洁，所以通常也不会持续太久，莫名其妙的吵架、同辈压力、没有感觉或根本没有特别原因而分开的状况，相当常见。初中生的男女朋友可以分成四类：

① 寻求情感的寄托。

② 崇拜对方（不只是正面的角色，痞气的孩子有时更易引起异性注意）。

③ 有男女朋友的虚荣感。

④ 由朋友自然发展成男女朋友。

依据许多老师的经验，第一类与第二类最多，有时两个因素是一起发生的，若是孩子本身的家庭功能不太完整，比较容易出现第一类的交往，也就是在异性身上找到情感的寄托和心灵的归属。

一旦确认交往之后，孩子的保密功夫可以说是使尽气力也要做到最高境界，如果会被发现，多半是因为吵架之后反应太大或功课退步太多，才被敏感的家长发现。或是老师因为担心孩子的状态而向家长告知，恋情才终于曝光。

在简单摘要了初、高中生的感情现状后，我们对孩子面对感情的事实有了基本的了解，父母应该很快就会发现：除非你严格限制通信、交通，甚至求学环境，否则在人性面前，你能做的很有限。这不是一个对与错的简单问题，因此不是只有禁止或鼓励的选择。更何况自古以来，只要是以禁止手段来处理任何人性的议题，最后都只是把这些原本台面上的事情地下化，不但变得难以掌握，也会促使孩子更加在乎这段关系，因为“越得不到的东西越重要”。所以换个角度思考，在面对孩子的感情问题时，你可以做的是：**“思考如何引导孩子在这段关系中成长，不但是他（她）在面对感情的态度时有所成长，也让我们彼此的关系能有所成长。”**

三大心法拉近彼此距离

接下来，我整理了许多父母成功与失败的处理经验，可分为三个基本心法：

1. 别让担心吞噬理智

很多家长一旦怀疑或得知孩子的感情状态，脑袋马上就冒出一堆负面想法，然后自己跟着激动，不分青红皂白就开始唠叨，好像谈恋爱成了大不孝的罪过。

请你冷静，缓和一下。孩子是跟另一个孩子谈感情，不用急着把彼此未来对话的通道破坏，反而应该预留一个将来沟通的空间。沉住气，跳出孩子预期你会抓狂、你会大发雷霆的剧本，反其道而行之，你可以表达对这件事情感到诧异、不知所措，甚至感谢（如果他们主动告诉你）。

不管此刻你心里多想跑到对方家去理论，平和的态度会让孩子觉得你在很正面地看待这件事。记得不管你再怎么生气，也不要用恶毒的字眼儿批评对方，这会让孩子感觉你用外在条件评价别人，然后回到“我越得不到，代表他越重要”的循环里。

2. 让孩子信任的对象上场

孩子不喜欢被唠叨，所以不太愿意主动和父母分享感情中的大小事；这时如果有任何一个孩子信任、可以聊天的“重要他人”就很重要了。这个人可能是从小关系很亲近的姑姑阿姨、隔壁邻居，或是孩子以前的托管班老师等。

明明都是大人，为什么这时家长以外的大人这么重要呢？因为孩子知道这些人与他没有直接的利害关系，所以也就不会太防范他们说的话。少了这一层顾虑，孩子反而需要过来人的经验与建议，这时大人提供的信息就有了参考的价值，通过一个中间人的角色作为沟通的桥梁，孩子比较能够听得进去，不致盲目投入眼前这种关系。比如对女生来说，感情中的亲密行为很难开口跟父母说，但信任的长辈就能提供正面又有帮助的意见，保护她能够维持一定程度的理智判断。

3. 用讨论表达担心，不用斥责证明生气

父母尽管会有很多担心，但当你和孩子讨论他的感情状态时，与其表达你的生气，不如好好说说你的担心，因为愤怒会带来对立，而担心往往能引发换位思考。当孩子能够理解你的担心，并且把这份担心放在心上时，这无形当中也会成为他对自己行为的规范与界限。表达担心的方式没有别的诀窍，就是直接说出你担心的点就好。

另外，我发现很多女生比较容易为了维系关系而委屈自己，处在两性关系中不对等的状态。所以学习怎么保护自己，也就是让孩子学会该说“不”的时候就说“不”，这是一种对自己与对方的尊重。教导孩子在关系中有意识和有能力说“我不喜欢”“我不舒服”相当重要。

父母当然也可以用分享的角度，和孩子讨论你自己的恋爱、失恋经验。别忘记了，分享也是一种身教、一种亲子的交流，一种关

系的建立，当以分享的角度看待恋情时，也会让孩子比较能够接受你在这些经验中所传递出来的想法。

分手的修复是需要时间的，请不要把孩子的失恋当作小事，用轻蔑、忽视或矮化的角度看待孩子的失恋，这将会加重他对你的不信任与情绪。你只需要好好陪着他就好，这些经验将来都会成为孩子人生中的养分，而你的接纳与支持，就是让他学习如何正视、接纳与克服自己的失落，这对将来职场、感情或任何人际中的关系，都是重要的基础。

给父母的建议

要跟孩子谈感情大概有几个重点：

1. 学习如何尊重彼此，厘清彼此的感觉。

2. 清楚自己应负的责任，不把爱情当作唯一的大事。

3. 保护彼此，不做自己无法承担后果的事情。

4. 务实地讨论任何要负起的法律、经济与现实的责任与后果。

找到机会在可以轻松聊天时提醒学生，如果要给建议，尽量用问号结尾，不要用句号表示，这样比较容易被孩子接受，比如："还记得我跟你说的吧？"这样说能够引发孩子更多的思考，也不会排斥你的建议，用比较平辈或适合他的方式互动，核心原则是表达出你关心他的感受。

关键问题 06

我的孩子和“恐怖情人”

当讨论感情变成亲子间互动的禁区时，孩子将被我们推向人际关系的雷区。

在男女关系这件事情中，“发球权”永远都在孩子手上，你可以无所不用其极地禁止他“踢球”，你也可以做他的顾问，陪他“踢一场好球”。

在开始之前，请各位家长先试着回答以下三个问题：

(　　) 1. 初中生每几个人就有一个有约会经验？

(　　) 2. 初中生初恋的年龄平均是几岁？

（　　）3. 有交往经验的人，多少人曾遭受另一半的精神暴力？

（答案详见第54页）

关于初中孩子过早陷入感情问题这件事情，不管父母的态度或是立场是什么，我想有一件事情应该很确定：既然每个孩子将来都会面对两性交往的问题，那么孩子应该具备知人知面又知心的能力。即使不见得能够知道谁是“真命天子”，但至少要能够分辨谁可能是“恐怖情人”，这绝对是让孩子终身受用的重要能力。

说到恐怖情人这件事，父母应该都不陌生，新闻不时会有类似报道：某某高才生因为感情受挫而挥刀砍杀女友，某某学生因为被女方分手而绑架拘禁对方，甚至不乏危及生命安全的危险举动……这些都是恐怖情人的表现。家庭教育有两个很重要的部分，一个是如何让孩子避免成为“恐怖情人”，一个则是如何教导孩子辨识“恐怖情人”。

可是，人际关系甚至两性相处的态度和见识培养又偏偏是在初中阶段才开始迈入摸索与尝试期，因此不管你是否同意，孩子势必会用他自己的方式去满足他的好奇。因此，我们与其假装这个问题不存在，让孩子没先操练就直接上战场当炮灰，不如利用现在有机会沟通的阶段，好好培养孩子的观念与价值观。他的态度好，你未来的担忧就少。所以，奉劝各位父母，不妨把前一篇的基本功练习好，再来这里的进阶版好好琢磨修炼。

“恐怖情人”面面观

我们先从恐怖情人是怎么被培养出来的这件事情开始。

从小，当我们在面对感情问题时，你还记不记得大人的第一句话是什么？

“啊！你现在谈这个太早了！”

“你现在不好好读书，将来不会有异性看上你的！”

“你将来考上好大学，找到好工作，找对象很容易！”

这是不是我们都很熟悉的对话？因为几乎代代相传，如同家训。不过如果你仔细想想这些话背后的含义，就会发现它们其实讲的是：“你要先拥有好的条件，才会有好的感情。所以感情好坏是建立在你自身的条件上。”说白了，我们是在教孩子面对感情时的态度，即你可以用学历、身份以及收入来赢取别人的感情。

这让孩子无形当中开始有一种想法：“我只要提供物质上的条件，就会被对方接受，并且用爱来回报。”顺着这个误解，孩子可能也会以为：“当我尽力为你付出时，你更不应该拒绝我。”

这是一个存在偏差的观念。感情是两个人的共识，你拥有的条件只是其中一项选择，更重要的是能够同理对方的状态、尊重对方有选择与拒绝的权利、接纳对方的特质、适当的沟通技巧等能力。

感情不是买菜，看交情还加送葱的简单交易，它是两个生命在情感的基础上，愿意一起迈向相互理解、共同承担的过程。如果这么复杂的关系被简化成只是一种条件的交换，这当然会导致孩子价值观的偏差，引发其对异性不必要的恶意。因此，面对感情的价值观从小就要适度培养，因为一旦态度成形之后，往往很难改变。

首先，父母要教导孩子如何分辨“恐怖情人”的特征：

1. 以自我为中心，缺乏同理心

以自我为中心不代表是大男子主义，而是看事情都是从自己的角度出发，这在初中生身上是相当常见的。因此，评估的标准在于这个人有没有“同理心”。同理心是一个很重要的特质，它是一种对他人心理状态的理解，并且能够做出相应的抚慰或回应。若一个人缺乏同理的能力，那么他对于自己的行为对别人造成的痛苦或伤害往往也不会有太大的罪恶感。

2. 情绪管理，一泻千里

情绪管理是一个非常重要的特质，它是你对于自己处在不顺遂的情况下仍然保有控制自己状态的能力，也就是所谓的情绪智商。如果情绪管理能力不好，就容易在愤怒或挫折下，用不当的行为处理眼前的问题，如威胁或暴力等。有些人或许在情绪过去后会感到后悔，但这并不代表他下次不会再犯。

3. 生活范围狭窄，只有爱情

生活中缺乏自己的人际圈、兴趣有限，只把感情放在最重要而唯一的位置。因为感情可以放弃任何其他的责任、义务，相对地也会花费极大的心力试图监控、掌握另一半。当踏入两个人的世界时，他会因为眼中只有感情，甚至没有了他自己。当一个人的世界只剩下对方时，为了保有这份感情，你可以预见他会怎么响应。

避免孩子成为“恐怖情人”

这些都可以在生活中通过聊天的方式教育孩子，更重要的是让孩子知道他有拒绝及受尊重的权利，这种能力往往是通过观察父母的互动学习到的。

如何让孩子对感情拥有健全的价值观呢？

恐怖情人缺乏的能力，就是我们该培养孩子的价值观。大致包含以下内容：

1. 学会尊重别人的意愿

从家庭教育开始着手，感情是一个巴掌拍不响、需要对方配合的关系。当别人表示不愿意，我们就要有接受的雅量，这个面对被拒绝的态度和调适，是我们可以通过实际的生活案例讨论的。而孩子要学习的不是在关系中强求，而是不因此而否定自己的价值，并找到被拒绝后自我调适的方法。

同时，教导孩子界线的遵守及保护自己的观念很重要。“保护”包含法律及现实两个层面，都是孩子可能要承担的后果，原则就是越具体详细的说明，越能让孩子搞清楚状况。对孩子来说也是一样的道理，你要在感情关系中踩红线，就要先评估自己是否有能力承担责任，包含所有可能的具体后果。

另外，同理的能力也很重要，当一个人越能够同理别人时，才越能够有转换视野的弹性，而不是被自己的角度局限住。

2. 培养多元的兴趣与人际关系

感情是一个曲折起伏、尝试错误、屡败屡战的过程，因此在注定会失败的前提下，如何通过适当的活动来调适自己的心情，也是很重要的。兴趣不只能转移注意力，在孩子从事个人感兴趣的活动时，也会有人际支持以及心情转换的功能。

3. 不把感情当作条件的交换

不要再用前面的理由作为拒绝孩子接触感情的借口，如果你不赞成，至少可以说出你的担心，而不是把感情和外在条件绑在一起，然后用孩子的未来绑架他（她）现在学习的机会。你可以用“我的信息”来表达你的担心。

现在，请练习用“我的信息”的结构，表达你的担心：

▲结构1： 我听（看）到你________________。（事件）

▲结构2： 我觉得很________________。（情绪/感受）

▲结构3： 因为________________。（导致感受的原因）

别忘了，你表达意见的方式，也是孩子学习和别人沟通的基础。

给父母的建议

当讨论感情变成亲子间互动的禁区时，孩子将被我们推向人际关系的雷区。

孩子不是省油的灯。他能轻易知道你的态度是不是反对，这样对他来说，选择只剩下怎么保密和如何蒙骗你。所以，不让孩子落入这两个处境的方法，就是提供给他第三个选项：你是可以理性讨论的人，而不是不分青红皂白的反对者。

在男女关系这件事情中，“发球权”永远都在孩子手上，你可以无所不用其极地禁止他“踢球”，你也可以做他的顾问，陪他“踢一场好球”。

第47页问题的答案：

1. 4个。

2. 12岁。

3. 8成。

（资料来源：台湾地区教育事务主管部门）

关键问题 07

孩子不够大方外向，需要担心吗

害羞和内向是不太一样的概念。害羞是担心别人对自己表现的评价，内向则是对于人际或是外在刺激的需求程度有一定的限度，只是两者常常在表现上很接近，以至于容易被看成同一种特质。

一次演讲后，有位妈妈走到我面前，表示她对自己的孩子感到有点儿担心。我请她试着多说一些，妈妈开始描述初二的儿子：他从小就比较内向害羞，人际关系似乎不太好，如果以后长大还是这样，很担心他找不到老婆。我请妈妈稍微说清楚孩子“人际关系”

不好是指什么，妈妈说："我看他脸书上都没几个朋友，平常也没朋友约他，放假就是待在家里。"

"他有好朋友吗？一个两个都行。"我问。

"说起来真的不多，从小到大就那几个。"妈妈侧头想了一下说。

"他们关系如何呢？"

"应该算是不错，是认识很久的朋友，但他平常不太会跟我说这些，他话原本就不多，几乎都是一个人在做自己的事情，周末也不太出去。朋友约他他会出去，但是老师说他在班上也是这样，不是很爱出风头的那种。因为我们家是做生意的，看他这样我实在担心他以后会不会变成宅男呀，然后……"

"他自己会觉得困扰吗？老师有提过任何他在班上的情况吗？"我暂时先打断妈妈的担忧。

"在家是不会，我看他一个人做那些事情还是很开心的，学校老师没有特别说，老师提到过他比较内向一点儿，但也会跟同学有说有笑……"

稍微和妈妈又确认了几个细节后，我心里大概有了底，看看时间，距离下一场演讲中间还有一段充裕的时间。

“听你这样说，孩子这样很好呀。”我笑着回答。

这位妈妈有点儿不太相信地看着我，我猜她心里一定有一个大大的问号，但又不便当场提出质疑，我看着她疑惑的脸，问道：“你喜欢今天的演讲吗？”

“老师，您讲得很棒，我觉得收获很多……”这位妈妈顿了顿，心头终究还是想着孩子，“但是我儿子他……”

“我跟你说个故事好吗？”我们走向停车场边的一张椅子上坐下。

“这是个真实的故事。”

小明的内向与害羞

故事是这样的。

有个孩子小明，从小就生性内向，小学时有段时间变得相当害羞，家里只要有亲戚或长辈来访，小明就会躲进房间，即使被父母威胁也不敢出来，一直躲到访客离开为止，这个现象一直到五年级都还是如此。

小明升上初中后不再那么害怕陌生人，但是内向的个性似乎并没有太大改变。他不太喜欢跟很多人互动，周末当朋友邀请他出去玩儿时，他总是拒绝邀约而选择待在家里，即使跟家人出去，也觉得很有压力，似乎周末是他一周中能够好好休息充电的机会。因为比起跟人在一起，小明觉得一个人时更自在，尽管他不排斥跟朋友聚会，但他更喜欢沉浸在一个人的世界里，跟朋友聚在一起他感到由衷的开心，但隔很久有一次就好。

大学毕业后，小明仍然喜欢独处，把时间花在自己喜欢的兴趣和成就追求上，他谈恋爱、阅读、写文章、翻译、写书。从开始工作之后，他意外发现自己喜欢演讲，尽管演讲总是让内向的他耗费相当大的精力，但就是因为喜欢，所以他不断地付出时间练习、争取、尝试，工作五年来积累超过两百多场演讲的经验，每年还不断以极大的幅度增加。

“你知道为什么小明愿意去做这份跟他个性冲突的工作吗？”我看着这位妈妈问道。

“因为……兴趣？”

“嗯，我也觉得是兴趣，我甚至觉得不管是任何人，当他能够找到自己值得投入的兴趣时，这份对兴趣的执着会帮助他跨越性格上的障碍。”

“所以你是说，我儿子有可能只是因为内向吗？”妈妈似乎松了一口气。

“我不太确定，但听起来，孩子似乎的确有这个特质，而比较可惜的是这个特质并不是我们社会的主流，因此总是容易让自己有一种跟别人格格不入的感觉。”

“但是这两个概念要怎么区分呀？害羞和内向不一样吗？”

害羞其实不等于内向

的确，害羞和内向是不太一样的概念。害羞是担心别人对自己表现的评价，内向则是对于人际或是外在刺激的需求程度有一定的限度，只是两者常常在表现上很接近，以至于容易被看成同一种特质。如果用一个简单（但并不是完全精确）的表格来介绍内向、外向，大概如同下面这个表格。

	内向	外向
害羞	内向又害羞	外向又害羞
不害羞	内向，但不会害羞	外向，也不害羞

因此，有些人可能是外向但害羞的人，所以他可能非常喜欢花很多时间跟人互动，但却因为害羞的关系而裹足不前，或犹豫半天。而有的人可能是很内向但是不太害羞，因此他随时可以融洽地跟每个人互动，但他更需要自己独处的时间。看着这张表格，这位妈妈大概可以理解我的意思，也可能开始思索她的孩子是在哪一个位置上。

“这只是解释内向和害羞两个不同的概念，但不代表这四格就能包含所有的人。内向和外向都是一种先天的人格状态，就像是一把尺的两个极端，而我们每个人都落在这把尺的不同点上，所以我们才会在不同的状态间摆荡。”我郑重地向这位妈妈解释，没有任何人可以被一张纸代表。

我看看手表，委婉地示意我要准备离开了。

“老师，那个小明就是你，对吗？”妈妈露出心领神会的表情看着我，我不由得停下脚步。

“我只是想说，如果我们的孩子无法在这个体制中得到肯定，也不代表就要用它来否定孩子，这是两件不同的事情，但有时却被我们看作同一件事，这样不但苦了孩子，也伤了自己。”

这位妈妈若有所思地点点头。

“至于小明……”我咧嘴向这位妈妈笑了笑，“我们都知道这个故事想说的重点是什么，对吧？”

她点点头。

“所以关于小明是谁这件事情……”我顿了顿。

“也就没那么重要了，对吧？”这位妈妈露出了理解的表情，回我一个灿烂的微笑。

给父母的建议

许多家长对于孩子内向这件事情感到忧心，尤其是孩子越长大，内向越明显时。然而，内向特质的人有一些外向者比较缺乏的优势，比如思考很敏锐而深入、注意力很集中等，这些都是很重要的特质，只可惜我们的主流社会比较重视外向的特质，因此忽略了内向的重要性与优势，也连带让非外向的孩子容易怀疑自己的价值。

对于内向孩子的教育，就是避免期待他要跟别人一样外向，按照他的步调，找到值得投入的兴趣，孩子自然会发展出他自己的人生曲线。

关键问题 08

过分害羞的孩子

在美国，社交焦虑症是继忧郁症、酒瘾之后，排名第三的心理疾患。以台湾地区的某项调查为例，也有将近一成的初、高中生符合社交焦虑症的临床诊断。也就是说每十个初、高中生里，就可能有一个孩子遭遇到跟佳华一样的痛苦。

前面我们介绍了内向的特质，接下来这一篇要详细介绍一个跟内向很类似的特质——害羞。它们常常被人们看成同一种特质，但还是有些不太一样。前文我们介绍过害羞和内向的差别，在极端害羞的情况下，它带来的影响比内向还要更长久，破坏性也更大。

透过佳华的例子，我们来看看关于害羞的故事。

佳华（化名）今年上初三，初一、初二时在班上算是很低调的，不怎么跟人互动，因此老师觉得他只是很乖，顶多就是比较害羞的孩子。但是升初三之后，老师渐渐发现有点儿不太对劲，佳华不仅不太跟人说话，所有课堂的任课老师也都陆续反映佳华在课堂上几乎没有什么人际互动，非常抗拒站起来发言，把这种情况反映给家长，家长也只是给出“他就是很乖”的回复。

老师询问家长孩子在家的状况，家长表示孩子长假时几乎整天窝在家里，不是上网就是看电视，既不跟同学联络，也不跟家人出门，连出去买个菜都拒绝。

“啊，老师，他从小就很懒！”家人这么回答。

等到初二下学期开学后的某一天，佳华突然跟父母说他不太想去学校了，因为他觉得跟同学在一起很痛苦，这才让父母感到惊讶。询问之下，佳华只表示自己每天上学很痛苦，因为不敢跟同学说话，每次下课都觉得很尴尬，分组时更难受，因为不够主动，所以都被人家丢到最后一组。

佳华在家里边哭边说，把妈妈吓了一跳，心想这个孩子以前都乖乖的，原本以为只是害羞，但是没有想到学校生活竟然给他带来这么大的压力，赶紧请老师帮忙。学校辅导老师约谈后，建议妈妈带佳华就诊，于是妈妈只好带着孩子再到医院挂号。

像佳华这种害羞到了极点的情况，其实在初、高中生里并不少见。这种没有明显外在因素，也没有什么家庭变故，而逐渐从人群中退缩的孩子，很可能是罹患了一种身心疾病——社交焦虑症。

社交焦虑的孩子在担心什么

这是一种以焦虑为主的心理困扰，是一种同时在基因、大脑生化反应以及认知功能运作不良的疾病。最明显的症状是当他们进入或是即将进入跟人有关的社交场合时，会出现无法控制的焦虑感，而这种焦虑无法如正常人一般随着时间而自然消退，并严重影响学业、人际以及生活的质量。

每个人在社交场合中引发人际焦虑的原因都不一样，但是社交焦虑的人，只有面对人所引发的焦虑才会让他感到非常不舒服，当他独处或是和家人、熟识的朋友、同事相聚的时候，不会有太大的问题。

在美国，社交焦虑症是继忧郁症、酒瘾之后，排名第三的心理疾患。以台湾地区的某项调查为例，也有将近一成的初、高中生符合社交焦虑症的临床诊断。也就是说每十个初、高中生里，就可能有一个遭遇到跟佳华一样的痛苦。过去很多研究发现，如果一个人患了社交焦虑症没有经过妥善干预，他很容易出现忧郁和药物滥用的问题，而增加自我伤害等危险的结果。

社交焦虑的人究竟在担心什么呢？每个人担心的内容都不太一样，有的人是担心别人对他的表现不满意，有的人非常担心自己脸红流汗被别人发现，有的人则是担心别人会看到他表现不佳的一面……不管这些人担心的是什么，他们都同样害怕别人对他的评价，而这种过度扭曲的评价往往是他自己想象出来的，不是别人真正对他的看法。

父母如何面对与处理

好消息是许多研究结果证明，同时使用药物并搭配心理治疗，对社交焦虑症是有帮助的。通常精神科医生会提供患者抗忧郁剂或抗焦虑剂等，用来调节大脑情绪回路的神经传导。临床心理医生则会提供以认知行为疗法（Cognitive Behavior Therapy）为基础的心理治疗，通过改变思考模式（重新思考社交情境中的刺激对当事人所代表的意义），搭配放松训练，让孩子从有计划安排的行动演练中，逐步累积成功的经验。最终的目标是协助孩子克服心中的恐惧，尝试回到原先害怕的社交情境。

社交焦虑的孩子有一个核心特点，就是他们会用各种方式回避人际场合中的互动、表现的机会，让自己可以不处于被别人评价的风险中。这种用来回避别人评价的方法因人而异，小到眼睛看着地上不看别人、约会总是迟到，或是上课都坐在最不容易被发现的位置，甚至因此休学、旷工都可以是一种逃避的策略。

逃避策略是一件很麻烦的事情，尽管它会让孩子暂时感到好受一些。但是长久下来，逃避只是让孩子更相信自己想象里的别人对他的评价，然后越相信越逃避，于是形成一个恶性循环。

因此，父母要做的便是帮助孩子慢慢克服这个循环，基本原则有两个：由低到高、由简到难。

通过附表的焦虑阶层图，家长可以请孩子完成这个阶层图，然后让孩子通过想象最低阶层的情况，一旦想象的画面很鲜明时，就请孩子慢慢搭配放松训练，直到想象的情境不会再像一开始那么焦虑后，就请孩子在生活中实验看看。比如说上台表达这件事情，孩子除了可以不断练习演讲的内容以外，也可以想象底下有许多听众在看他，一旦想象的画面很清晰的时候，就开始做深呼吸来放松，这样在面对焦虑情境时，就会越来越容易帮助自己放松下来。当孩子能够克服最低阶层的焦虑情境后，他就会有更多信心来面对第二个挑战，逐步慢慢积累上去。

给父母的建议

对大部分社交焦虑的患者来说，只要能稳定接受精神科医生的药物治疗，并且搭配临床心理医生的认知行为疗法，假以时日，社交焦虑的症状都能获得相当程度的改善，并恢复应有的社会功能。

因此，家长一旦发现家里的孩子或是亲友出现社会退缩、害怕与人接触，并且严重影响日常的生活时，应尽快协助其就医寻求专业治疗。

附表　焦虑阶层图

焦虑、担心排序表			
排名	场所	害怕指数（0～100分，0分是完全不害怕，100分是非常害怕）	策略
1			
2			
3			
4			
5			
6			
7			
8			
9			
10			

使用方法

步骤1：请孩子依序由最害怕到最不害怕的排序，列出令他焦虑的社交场合，比如示范练习的范例，排名第10的是最不害怕的场合，排名第1的是最害怕的场合。

步骤2：跟孩子按照由低到高、由简到难的顺序开始处理，以示范练习为例，由第10个："和不熟悉的同学聊天"开始处理，带着孩子讨论有帮助的方法，并且在家中进行练习。

步骤3：当孩子能够挑战并完成第10个的状况后，再慢慢依照同样的方式逐步往上挑战。

基本原理

社交焦虑有时候是相当复杂的，影响孩子的人际关系。通过阶层排列的方式，可以让孩子看到他的焦虑其实是有不同层次的，并不是全部的人际场合都一样可怕，其中有的很好应付，有的需要慢慢积累经验。当孩子看到自己的焦虑可以分成很多层次时，焦虑也就会放下一点点。

通过由低而高、由简到难的原则，就像是玩游戏赚经验值的原理一样，每当积累到足够的经验值就能够升级，然后去打更难的游戏关卡。阶层图的原理就是如此，当孩子每完成一个挑战时，他慢慢就会有多一点点的自信去面对下一个挑战，而不是用逃避的方式处理压力。

示范练习

焦虑、担心排序表

排名	场所	害怕指数（0～100分，0分是完全不害怕，100分是非常害怕）	策略
1	在讲台上，面对老师要随时表达自己的想法。		
2	在课堂上突然被老师抽到回答问题。		
3			
4			
5			
6			
7			
8			
9			
10	和不熟悉的同学聊天。		1.准备一些平常可以聊天的话题。 2.专心看着对方，听对方说话。

关键问题 09

该怎么面对孩子的人际关系

不管孩子的人际关系如何，影响人际关系质量的核心关键始终都来自他们心中的安全感。而孩子内心的安全感，跟家人的状态与互动的质量深深地结合在一起。家庭的气氛、父母的关系、大人的情绪管理、对孩子的管教方式、跟孩子沟通的质量，都是安全感的重要元素。

我在学校里最常接触的孩子，往往都是人际互动出现困难而来到我这里的。这么多年和“人际互动有状况”的孩子互动，经验告诉我，如果初中阶段的孩子在人际互动中出现问题，这多半是结果，前面总是有各自不同的原因，大致可以分成以下几类：

1. 情绪过大，情商不高

这类孩子的情绪起伏很大，遇到事情就容易有过度的反应，因此常常跟人发生冲突，到最后老师也觉得麻烦，同学也不喜欢与他接近。结果人际关系不好又让孩子变得更孤立，于是用更防卫的态度面对同学，让事情恶化得更加严重。所以“情绪管理不佳”是主要的核心问题。

2. 爱出风头，舍我其谁

不久前，一个妈妈带着孩子来找我，孩子在学校没有太大问题，不过妈妈说他一定有问题，因为他在学校人际关系不好。

至于人际关系怎么不好，妈妈只说是老师转达的，但是怎么不好也不太清楚。老师说孩子在学校很容易和老师拌嘴，到最后大家都不太爱跟他互动。我和孩子会谈后才知道，原来孩子觉得这样比较酷，有能力与别人争吵就代表在班上可以有一定的地位。但是他争吵得又没技巧，除了几个班上的同学以外，别人都觉得他很难相处。

3. 搞不懂别人，只在乎自己

有一类孩子，不知道是否是因为家庭环境或个人因素，表现出来的行为让人感觉他比较在乎自己，而不太在乎或理解他人的需求，因此往往会过度在意自己的损失或是权益，而忽略团体生活的本质。很多时候人际关系是需要彼此相互容忍或妥协的，因此过度在乎自己，而忽略别人感受的结果就是被大家默默地推得更远。

4. 过度固执或好动

有些孩子因为过度固执或是活动量太大，因此很容易因为自己的特质而引起他人的排斥，最后形成一种团体隐性的隔离或疏离，让孩子感到相当受挫。

5. 只讲义气，不管对错

不少孩子在这个阶段太过在乎朋友，常常为了朋友强出头。明明不关他的事却不管对错，又想赢得大家的肯定，因此常常做出让自己后悔的事情。对这类孩子来说，朋友比起对错更重要。

父母如何处理与面对

1. 情绪过度起伏的孩子

有几个问题要先厘清：

▲家庭有没有特别的状况影响孩子的状态？

▲孩子的天生特质是什么？

▲小学到初中都一样，还是到初中后开始转变？

▲孩子情绪起伏的强度如何？

▲情绪下的行为又是如何？

▲情绪大是只有在家里，还是在学校？是只有在某堂课，还是全部都一样？

▲孩子平常跟同学相处的情形如何？

将这几个问题厘清后，父母就能知道孩子的情绪来源是有特定原因还是天生特质，或是被其他我们不知道的原因所影响。有时候孩子在从依赖大人走向独立的过程中，对于父母的态度总是没好气，因为被管久了总是想要挣脱，而挣脱就是要付出抗争的代价，那么我们只能开始调整彼此互动的方式。

若是孩子本身有情绪上的问题，又已经明显影响他与老师、同学的互动，我会建议家长好好跟孩子讨论关于情绪带来的影响。国际关系领域有句名言：“冲突升高的顶点，也是冲突降低的起点。”意思是，当彼此冲突越来越高的时候，一切利益得失的考虑也会开始变得具体。拿这个原理套用在孩子的情绪管理上，就是要让孩子清楚自己情绪引发的后果会带来哪些伤害，尤其是在人际关系这方面，当伤害越清晰，责任就越明确。

大部分孩子也不喜欢自己的情绪影响人际关系，所以先搞清楚情绪引发的后果是什么，再讨论该怎么办，甚至跟老师讨论都是不错的方法。

讨论方式可以参考以下对话。

Q：“你比较要好的朋友有几个？”

A：“没有几个（后果），但那又不重要（抗拒）。”

Q：“以你的个性，其实有不少让人欣赏的特质，只是在这件小事上可惜了。”

A：“什么？”

Q：“你的情绪起伏太大，每起伏一次，说话就会伤人，每伤到一个人，就少一个朋友。”

2. 爱出风头，舍我其谁

这类孩子有时候要“显摆”一下，因为他们就是想要通过这种装老大的行为让自己受到瞩目。因此，直截了当地澄清他行为背后的动机，并且用反问的方式让他变得透明化，有些孩子会因为这种被看穿的感觉而慢慢收敛。

比如：“你一直在与老师拌嘴，还不就是因为你想要被别人注意（清楚地说明行为背后的意图）。你想想看，你这样做别人是觉得帅，还是觉得蠢？（用提问的方式让前面的问题慢慢发酵，不要马上给出结论，这样做孩子反而听不进去。）”

3. 缺乏同理心，只在乎自己

在乎自己的孩子，往往是在乎自己的权益受损。但这类孩子也会在意自己的人际关系，只是他们看不到人际受损是因为过度在乎自己的权益所致。

因此若由大人扮演另一个角色，让孩子看到自己处理事情时造成他人的不悦，这样比较能够让孩子理解。所以父母可以说出你的感受：“你刚刚说的那句话……我听到的感觉是……这会影响我对你的看法。”有些孩子的确是相当以自我为中心的，这是缺乏同理心的表现，必须让孩子认识到自己的行为会让他的人际关系减分，这样他才有可能改善和收敛。

4. 特殊孩子需要更多帮助

特殊的孩子在人际关系里需要更多辅导资源介入，陪伴孩子在每一个事件当中看到自己的处境，慢慢积累实力。

同时，请孩子担任自己的人际实习生。先好好选定他在班上认同的对象，在面对特定的事件时，观察对方的反应和互动，作为自己觉察的基础。之所以请孩子选择他所欣赏或认同的人，是因为这样较能引发孩子后续改变的动机。

5. 只讲义气，在乎兄弟

这类孩子需要用心交往，只有这样他才会愿意相信你。因为义气对他来说是相当重要的，没有义气这个黏合剂，他只会把你归类在“你说什么都是废话”的那一类人中。这部分的孩子需要时间经营彼此的情感。

当关系够好的时候，要跟这类孩子沟通，可以先打个预防针把他的抗拒降低：“你确定你能听我说？”“我怎么知道你有没有勇气接受别人的意见？”然后再据实提出他的问题，并且不带情绪及批评地说出你的观察结果：“你太重视朋友，并且愿意为他们付出，不过我看到你因此让自己卷入不少麻烦，你必须多想想自己的责任，而不是自己都照顾不好就去操心别人。”

给父母的建议

面对人际关系不好的孩子，一定要先把原因弄清楚。因为，人际关系是一个综合性的能力，涉及孩子的特质、情绪、心理需求与家庭状态。本篇介绍的各个原因并非彼此独立，它们有可能同时发生在一个孩子身上，若能弄清楚各个原因的比例及影响程度，就能对症下药，否则只会导致头痛医头、脚痛医脚，最后两边落空的结果。

另外，经验对人际关系的成长是相当关键的。大部分孩子在初中开始人际冒险的旅程，在这个过程中可以看见孩子各种各样的人际面貌，而每个孩子也会通过与他人的互动来认识自己，并且逐步发展出他们独特的人际生存策略。

然而不管孩子的人际关系如何，影响人际关系质量的核心关键始终都来自他们心中的安全感。而孩子内心的安全感，跟家人的状态与互动的质量深深地结合在一起。家庭的气氛、父母的关系、大人的情绪管理、对孩子的管教方式、跟孩子沟通的质量，都是安全感的重要元素。你的孩子有没有足够的安全感呢？

关键问题 10

整天抱着手机不放的孩子

通常对于沉迷网络的人来说，对于自己行为的“自觉”是很重要的，一般来说，孩子不太会觉察到自己过度使用网络而带来的情绪、学业、生活、人际关系等方面的改变，因此，带着孩子觉察是第一步。

第一次见到从从，是在他妈妈的陪伴下来诊所会谈的。

从踏进会谈室的第一秒开始，从从的神情就不太愉悦，脸上透露出“我是被我妈逼着来的，有问题的是她”这样的表情，不太说话，不时回头看着墙壁上的时钟，直率而不遮掩地表达出对此刻的焦虑。

我不意外，这次会谈是在某种敌意与抗拒的氛围下开始的，毕竟会谈的时间对孩子来说等于是剥夺了他原本可以使用网络的机会。

根据妈妈的描述，母子间的争执是从某一天放学后，从从回到家开始的。

“妈，你是不是又把我的网线拔掉了？”刚补习完回到家的从从在房间里大声嚷嚷，语气中充满恼怒。

“什么网线？我吃饱没事拔你网线干吗？再说你上那么多网干吗？你书都读完了吗？”妈妈在客厅没好气地回应。

“怎么搞的，那网络为什么不能上？到底是谁在捣乱呀？”从从气急败坏地到处检查计算机线路，整个人显得有点儿焦躁。

“算了，我用手机好了！”从从边说边要去拿手机。

“不行，手机放下来，上网是你现在应该做的事情吗？你该做的事情都做了吗？”妈妈严厉地说。

“真烦！”从从自己嘟囔着，臭着一张脸悻悻然地走回房间不发一语。

“你这是什么态度？我不是跟你说过把事情做完再上网吗？你今天书都看完了吗？”

“知道啦！”从从大声咆哮，一气之下，砰的一声把房门关上，待在房间里不出声。

妈妈继续念念有词：“什么跟什么嘛，当初买手机的时候就跟你说过规则了，买台式机装网络之前也跟你说得清清楚楚，你现在玩游戏玩儿得越来越过分了，每天随便都两三个小时，睡觉也躲在床上偷打，吃饭也在打，你是不是太过分了？”

“为什么我不能打？你管我那么多做什么？”从从在房间里大吼。

“说你两句就生气！不能说是不是？你以为手机是谁买给你的呀？不高兴自己去买呀！”妈妈一听火气更上来了，全家接着陷入一场紧张的沉默当中。

妈妈想起几天前在电视上看到有关网络成瘾的介绍，那时并没有特别留意，但现在看着从从的反应，突然有些警觉，于是在心中暗暗仔细回想、介绍并同时比对从从的状况：

① 从开始沉迷网络到现在，从从几乎很难控制上网的冲动。

② 上网的时间越来越长，如果不给他用或是网络出了问题，

整个人就不知道在生什么气，就像今天一样，在还没有用网络之前，完全没有这些情绪问题。

③ 孩子自己也知道上网时间很长，但就是无法控制，连出去玩儿都在想着网络上的游戏，这学期功课真的有很明显的退步，连周末都不太跟朋友出去玩儿了。

想到这里，妈妈突然有点儿惊讶，开始怀疑孩子是不是已经有网络成瘾的问题。妈妈心不在焉地拿起电话，一时之间却不知道该向谁求助，定了定神之后，打电话到诊所挂号。

在简单了解从从的基本数据后，妈妈开始向我抱怨孩子沉迷网络的问题，言谈中诸多抱怨，而当讲到孩子接触手机游戏的开端时，发现似乎在小学高年级时，他便已经有大量的接触了。

关于这一点，妈妈没有否认，当时让孩子玩手机是作为鼓励的手段。一开始还好，但时间一久对使用时间不再严格地监控之后，孩子花在手机游戏和网络的时间便越来越多，等到影响生活时，已经来不及了。

网络世界是一个非常容易令人着迷的地方，每一个社群接口、游戏模块所包含的共同元素都能满足人性的需求。大量实时的回馈，画面、效果，马上体会到的成就感，在虚拟的世界中串起了人与人真实的交流等，信息的流通完全不需要等候。加上现在智能型手机的多元服务又普及，一机在手，电视、计算机与电话的功能全部都有。因此当孩子一旦碰到网络及游戏，自然就在这一切美好的体验中不知不觉地陷落了，并因此衍生出人际关系、作息、学业与交友的问题。

父母如何面对与处理

通常对于沉迷网络的人来说，对于自己行为的"自觉"是很重要的，一般来说，孩子不太会觉察到自己过度使用网络而带来的情绪、学业、生活、人际关系等方面的改变，因此，带着孩子觉察是第一步。通常，我会建议父母通过家庭会议的正式场合，分享你观察到孩子因为使用网络带来的损害，以及你自己的担心。表达担心这件事情是相当重要的，我们是因为这份担心才有后续的各种情绪与反应，把担心说出来，彼此才能从这个角度找到共识，孩子才能觉察自己的行为与后果，进入合作模式的概率也比较高。若直接以禁止的手段处理网络问题，往往会造成更多对立的局面，反而不是我们想要的结果。在家庭会议中可以讨论：

1. 时间规划

时间规划包含每天计划用多久，已经使用多久，这两个项目都要记录。前者是从自我规范的角度出发，后者则是从自我觉察的角度回溯与目标的差异，并且量化作为每周的表现。

2. 活动安排

除了网络以外，安排其他娱乐时间的替代物品。也就是增加孩子的娱乐选项，其中也包括和家人的互动。

3. 当执行不力时，可允许的处罚是什么

家长在讨论处罚时，尽量避免从全面禁止、完全断绝的方式出发，因为这样引起的反弹也会越大，如果家长受不了孩子的反弹与抗拒，做出了让步，之后就很难再坚持其立场。一般来说，超时使用就扣掉之后的使用时间，最好就在下一次进行，否则最后会变成糊涂账。

4. 提醒彼此共识

将会议记录张贴在计算机前或随时可以看到的地方，以充分作为提醒彼此的共识。

孩子沉迷网络的主要原因是缺乏家人高质量的陪伴，以及适当的生活兴趣与习惯。当生活中出现了这些空缺时，往往只能把对关系、娱乐的需求放在手机里，造成过度的依赖，而家庭会议这种正式的层级与氛围在某种程度上也表达出对孩子行为的关心。

回到从从的故事里，妈妈开始试着从源头来帮助孩子管理他的网络习惯，包括以表达担心取代责备的沟通形式、举行家庭会议、自我监控表的执行，以及更重要的是增加与孩子有质量的对话与互动时间，差不多两三个月之后，妈妈表示孩子的状况已经有了改善。

给父母的建议

网络与信息家电是必然的趋势，因此家长与其防堵，不如通过教育提供给孩子正确的价值观，包括网络交友的安全、网络使用的规范、正当娱乐与兴趣的培养等。

在计算机部分，建议家中的计算机以放置在公共空间为佳，像是客厅、书房等，以便掌握孩子网络使用的状况。

当孩子过于依赖网络而影响生活的质量时，建议父母要重新考虑家中活动与时间的配置，提高与家人共同从事娱乐活动的机会。如果事态严重，就必须寻求精神科医生或临床心理医生的专业协助。

关键问题 11

为什么会造成网络成瘾

许多沉迷网络或游戏的孩子，最主要的原因还是跟家长的互动太少。同时我也发现，初中阶段的孩子之所以不喜欢跟家人互动，是因为每次互动都是被要求、被责备、被期待的。

在我当学生时，是电视游戏机最盛行的年代。红白相间的游戏机连上电视，卡带放入插槽后，最令人屏息期待的一刻就是屏幕瞬间变成游戏场景，任何游戏只要有卡带，都可以放到电视上玩儿。

我们多少都经历过那个年代，在一台小小的红白机里，经验值、升级、打怪、冒险、与朋友一起游戏相聚的记忆，成为童年中的一大部分回忆，直到我们长大，开始了各自的学业、人际与生活。

不知不觉中，原本最多只能两人玩的单机游戏机开始连上网络，红白机也被台式计算机取代，网络让一个人的游戏成为和全世界连接的刺激冒险。你不用出门也可以和远方的朋友零时差地进行共同体验：赚经验值、升级、打怪、冒险等。

网络时代来临，网络带来的效应与影响也持续发酵。摊开数据一看，初中生每个星期至少花20小时上网，80%在家里发生，不管是网络成瘾还是网络沉迷，它们在说的都是同一件事情：孩子失去了对自己生活的控制、对责任的执行、对本分的掌握、对生活的投入。因为沉迷网络的人越来越多，所以出现了许多就学、人际、功课等严重的问题，这些问题考验着每一位父母，如果可以回到过去那个年代，不知道该有多好。

就像瑞凡一样，我们都已经回不去了，但为了孩子仍然必须思考未来。所以我们必须知道，为什么网络对孩子这么有吸引力？

网络满足了我们什么

很多研究都说孩子会沉迷网络，是跟某些特质与需求有关；像是他们想要寻求同辈的认同、人际关系、好奇心的驱使、模仿等原因。但是对每一个过来人而言，我们都清楚游戏本身才是令人沉迷的最主要原因。游戏所具备的每一个元素都直指人性的需求，因此很难拒绝。所以拆解游戏中的元素，也可以让我们从心理学的角度思考，游戏到底满足了我们什么：

1. 赚经验值

几乎每个游戏都会有赚经验值这一元素，只是形式不同，但本质都一样。通过经验值的积累，你可以用经验值买更多东西或换取更多能力。经验值就是你花时间努力的成果。

▲心理意义：每个人都需要看到自己努力的成果，通过这些成果，我们才能不断地肯定自己。从大人的鼓励、肯定到成绩的表现，每个都是经验值的赚取，只是难易度的差别。

2. 打怪升级

通过战斗式的竞争，当经验值积累到一定程度之后，就可以升级。升级意味着你的能力大幅增加，你在游戏中的重要性增加了，你可以运用的资源也更多了，因此你愿意花费更多时间去积累更多的经验值。

▲心理意义：你重视自己的年资吗？你想象过受到他人尊敬的感觉吗？你曾经希望在工作上得到更好的升迁吗？这些都是现实生活中的升级制度，以及它所带来的好处。

3. 组织团队

网络时代的游戏几乎都会以团队作战的方式进行。团队作战中最重要的关键就是一群人的组合，通过组合，资源可以横向联系，包括游戏中的宝物以及游戏外的人际关系。

▲心理意义：几百万年的生存演化下来，我们成为团体生活的动物，不太能忍受自己是孤独的这一事实。因此当游戏能够提供一种现实生活外的人际交往机会时，这也符合我们天生需求的模式。

4. 即时回馈

你买不买彩票？有没有曾经投入工作？你之所以做这些事情，大部分都是因为可以得到物质上的回馈。而上述游戏中的元素基本上都可以对照到生活中的每一种回馈机制，只是游戏回馈的速度太快了，快到我们不需要去准备、研究、读书、考试就能够得到这些。你只需要付出唯一的资源：时间。比起读书要耗费更多认知资源与主观上的痛苦，几乎没有存在感的时间更令人愿意付出。

▲心理意义：我们的行动都是被动机所驱使的，不管是饥饿、疲倦、性欲或是成就，而人类还有一个很重要的动机——被肯定的需求，通过他人的回馈，我们会持续一系列的行为，并从行为的结果得到被肯定的满足。

上述每一个元素，经过独自拆解说明后，其实加起来就是我们现在生活的日常。就好比工作这件事，本身就是一个游戏系统。我们工作是为了赚经验值，它的名称叫作钱。工作是为了升上更高的职务，因为我们是社会性动物，能够有自己的组织代表，这样我们能够不孤单地进行团体战。而在游戏中只要投入，随时都会有以上元素的回馈，这些都是游戏真正吸引人的本质。我们甚至可以说，游戏就是现代社会制度的缩影。有些人会说孩子之所以玩游戏是因为画面精美的关系，这始终不是关键，因为从红白机时代开始到现在，人们始终为游戏着迷。

所以了解游戏中关键的元素之后，我们该思考的是在生活中如何能找到类似的回馈机制，甚至将这些元素应用到亲子关系里，增进亲子关系质量。

增加亲子互动的机会

从上面的内容，我们知道孩子沉迷网络或游戏，是因为游戏和网络能够提供关键元素，我们再简单地整理一下游戏的元素。

1. 经验值

指的是你每一次努力之后获得的具体回馈，在游戏中是分数、数字等。

2. 升级

你的努力能够让你不断达到新的境界，在游戏中是能力升级。

3. 群体关系

对于社群、人际关系的需求，在游戏中是组队打怪分享资源。

4. 即时回馈

每一个回馈在游戏中都是以具体优美的画面呈现正向的、即时的结果。

等等，当我们做了整理之后，你会发现生活中好像也有类似的元素对不对？有经验的父母会发现，这些元素不就是我们平常在做的行为管教吗？如果这些元素在家中都能够提供，为什么孩子还需要从游戏中获得呢？

几年来，我观察了许多沉迷网络或游戏的孩子，最主要的原因还是跟家长的互动太少，甚至有些孩子在家里是由大人提供电玩网络打发时间的。同时我也发现，大部分的孩子基本上都喜欢跟家人互动。初中阶段的孩子之所以不喜欢跟家人互动，是因为每次互动都是被要求、被责备、被期待的。良好的亲子互动本身应该是无数个微小经验值、升级跟回馈的组合，比如家人一起玩一场扑克牌，输赢胜负本身就是一个竞争的机制。在挑战的过程中，又有许多人际互动的元素不断回馈、满足我们在关系中的需求，况且游戏本身本来就是很好玩儿的。

因此，父母做的每一个简单活动都是这些机制的积累。不管是简单聊天或是带孩子玩桌上游戏、传接球比赛或是一起看场电影，甚至帮助孩子去扩展他的人际关系，像是跟亲戚邻居一起烤肉、规划一场旅游等，都是好方法。在这些家人共筑的时间里，它带来的回馈是相当长期且深化的，因此不用担心你的“画面”没有游戏场景好看，重点在于你们互动的质量。

哪些孩子比较容易沉迷网络

许多研究指出，容易沉迷游戏或网络的孩子有人格、情绪与环境三方面的特质：

① 人格特质。自尊感低、习惯用逃避面对压力、解决生活问题的能力不强、生活无目标。

② 情绪议题。忧郁情绪、社交焦虑、神经质、冲动控制困难、注意力缺陷、过动。

③ 环境结构。低社会支持、年轻族群。

从这些高危险群的特征来看，大部分都还是可以从家庭功能中获得帮助与改善，重点在于是否愿意付出时间好好陪伴孩子。

给父母的建议

管理孩子使用网络与玩游戏可以应用以下方法：

1.先让孩子对自己的网络习惯有所觉察。

2.请他记录上网的时间点、间隔时间，同时利用闹钟或定时提醒程序，时间到了，立即停止使用网络。

3.多多鼓励孩子参加社团活动。

4.更重要的是发展孩子的兴趣爱好，如听音乐、跳街舞、阅读、绘画、体能活动等，这些都可以减少孩子对于网络或游戏的依赖。

关键问题 12

孩子为什么不懂父母的辛苦

我们人生第一次由衷地从内心感受到上一代人的辛苦，实际上差不多是在我们自己也走入同样的身份和角色之后才开始出现的。而造成这种感觉最重要的关键是经验。

“唉，我觉得我儿子很不懂得感激！他都不知道父母每天做了那么多事情有多辛苦，好像每件事情他都觉得理所当然一样。我要怎么做才能让他知道感恩呀？”

这是很多父母私下跟我聊天时，常常会抱怨的一件事。

谈到感恩这件事，我记得几年前在脸书上曾掀起一股“感恩”的活动，内容大概就是连续一段时间，每天记录几件当天值得感恩的事情，然后点名找朋友继续进行同样的活动。我当时也参加了这个活动，但身为一位心理学家，我更好奇感恩有什么好处。

“感恩”这个词来自拉丁文，意思是给予我恩惠的一种感谢与回报：“感恩是一种将自己得到的利益归因于他人，对于你所拥有的东西产生富足感，并在逆境中看到美好事物的能力。”所以，感恩的确拥有正面的力量。

简单来说，感恩对于你的人际、认知、心理都有好处。因为当你觉察他人有意识的行动给你带来美好的结果，于是你感恩，而这份感恩也提升了你人际关系的质量。同时，当你受到他人正向的响应时，你会觉得自己的环境是令人愉快的，而当你觉得世界友善时，你会更愿意投入到自己的生活中，所以感恩让你变得更融入这个世界（相反地，如果你觉得这个世界很危险，你就很难跟环境有良好的互动）。而感恩所蕴含的正向情绪也会对个人成长及发展有很大的影响，并且能增加个人的幸福感。

我们都太容易习惯于眼前的状态，并且把每一件事情都视为理所当然，然而感恩却可以打破这样的心理惯性，让我们觉察到自己所拥有的其实是一种不易得的祝福与礼物，这种对生命层次视野的提升带来了幸福感。

孩子为什么不会感恩

“既然感恩的好处这么多，那么我们赶快让孩子来感恩吧！”如果各位父母有这样的想法，请先等一下，在你这么做之前，我要先请你做一件事：现在请你回想一下，在你的人生当中，第一次感受到自己的父母很伟大是在什么时候，那时候的你几岁？

① 当你第一次清楚地感觉到赚钱很辛苦，是在什么时候：

什么事情让你有这种感觉？____________________

那时候你几岁？____________________

② 当你第一次清楚地感觉到维持一个家庭很辛苦，是在什么时候：

什么事情让你有这种感觉？____________________

那时候你几岁？____________________

③ 当你第一次清楚地感觉到父母很不好当，是在什么时候：

什么事情让你有这种感觉？____________________

那时候你几岁？ ____________________

接着，请把这三题中的年龄加起来，除以三，你得到的数字是：（ ）。

请再把这个数字减去你孩子目前的年龄：（ ），于是你会得到一个数字，这个数字就是孩子真正感受到这些体会可能的年龄范围。

现在你大概比较清楚了：我们人生第一次由衷地从内心感受到上一代人的辛苦，实际上差不多是我们自己也走入同样的身份和角色之后才开始出现的。而造成这种感觉最重要的关键是经验。没有实际的体会，很多事情其实都只是停留在想法和语言的层次，没有办法跟生活中的经验相结合，因此感受性和体悟性的深度也会受到影响。

那这么说，难道是要小朋友现在就去结婚生小孩来体验一下才知道感恩吗？

当然不是，我跟你分享一个小小的例子，看看日本人是怎么做的。

如果你看过日剧或日本电影，就会发现他们在吃饭前都会手握筷子，喃喃自语一阵之后才开动。日剧中常常翻译为：“我要开动了。”不过，这可不是它的原意。

这句话是日文中“收受恩惠”的敬谦词，是一种对接受恩惠的感激状态。恩惠来自参与料理制作的所有人，以及食材本身；或是说，是对料理中的食材表达“用你的生命换来我生命的延续”的感谢。

所以你会发现，这句话背后有两个层次：第一，我们都处在一个巨大的协作系统中，眼前的食物是由一群我们背后看不见的人共同努力的成果。第二，生命的延续是通过生命的牺牲换取来的。所以当一个人看着眼前的食物，想到自己在这个位置是多么的渺小时，谦卑才会从这样的反思中慢慢沉淀出来。

感恩的自我检视法

感恩不只是一种个性，它当然也能通过学习而获得。不过在学习感恩之前，我们首先可以先回想自己的经验，看看每天的生活中，我们有多少次心中涌出感恩的想法？你可以粗略算算看，但就我自己的经验，几乎是少之又少。这是一个很自动化的习惯，也就是人们总是习惯将自己的成就视为自己努力的成果，而忽略他人的帮助或贡献，因此当结果与个人的努力画等号时，也就很难萌生感恩之心。

通过以下方法，我们可以将感恩的想法变成一种生活中具体的实践，甚至在每天的餐桌上就可以进行：

① 回顾今天的生活，从中选择一个你所感恩的人或一件事。

② 描述你要感恩对方的内容，越具体越好（比如说，××今天看到你不方便的地方，于是她主动询问并且帮忙）。

③ 想象这种受施恩的正向感觉。

④ 将具体内容和家人进行分享。

你的示范可以成为孩子学习的榜样。当然，更重要的是，让孩子有机会通过适当的努力换取报酬，同时增加生活中更多利他行为或分担家务的机会，如洗碗、扫地、规划家中的出游活动、参与班级事务、社团劳动服务、公益活动等，都可以让孩子扩大接触各式背景与社群的机会，通过这些经验来看到自己拥有的是多么来之不易。

给父母的建议

我们或许该有一个合理的认知：感恩不代表必然会带来正向的情绪与结局，但学习感恩会让你对自身的处境萌发更多的反思与敬意，避免落入将个人成就视为理所当然的自满中，而淡化了与他人关系的重要性。

同时我们也必须了解到，经验是获得许多知识的重要途径，我们仍然要在实际的人生道路上充分投入与参与，才能够在那个角色中获得深刻体悟，并且带来反思与感谢。

最简单的感谢，就是从让孩子养成说“谢谢”的习惯开始。

第三部分
青春期常见特殊问题

很多时候，我们的情绪和行为的根源可能来自某些根深蒂固的想法，或是情绪引发某些固定的想法，进而去影响行为。因此，这个想法就成了我们在处理问题时首先要厘清的关键。

关键问题 13

小事也容易焦虑的孩子

焦虑其实是一种相当正常又重要的情绪反应。如果我们不会焦虑，那么在面对生活中大大小小的挑战时，我们就可能提不起劲儿来，所以焦虑就像我们的警戒系统，帮助我们采取具体的行动来解决问题。但是如果焦虑一旦过头，就不是好事了。

这几年学校里焦虑的孩子还真不少，对考试感到焦虑、对上台感到焦虑、对学校感到焦虑，或是随时都很焦虑的应有尽有。不管是什么样的原因引发焦虑，都会对孩子造成不良的影响，因此在这里有必要向各位家长、老师做一个介绍。

我先帮焦虑说句公道话，焦虑其实是一种相当正常又重要的情绪反应。焦虑对我们的生活太重要了，你想想看，如果我们不会焦虑，那么在面对生活中大大小小的挑战时，我们就可能提不起劲儿来，所以焦虑就像我们的警戒系统，帮助我们采取具体的行动来解决问题。但是如果焦虑一旦过头，就不是好事了。因为你的心思会一直被这种焦虑所占据，然后有一些副作用会在此时偷偷跑出来干扰你。比如很容易想到很糟糕的结果、很难专注应付手边的事情等，这是非常耗费情绪资源的一件事，还会扰乱原本平静的生活。

太过焦虑是一种身心的长期习惯，这也代表它是可以被打破的，关键在于孩子的大脑需要多多训练，使他能够在面对情绪的挑战时，找到冷静的方法。

引发焦虑的原因

在讨论怎么处理过度的焦虑时，我们还是要先了解引发焦虑的原因有哪些。请大家回想一下，过去当我们沮丧或难过时，身边总是有人会安慰说："你不要难过呀，事情要换个角度想啊！"我们知道说这些话的人是出于关心，希望我们不要被自己的想法所局限。尽管很难做到，但这个说法是有科学根据的，因为我们的情绪跟我们怎么思考问题的角度有相当大的关系。事实上，在我们的大脑中，负责理性的部位跟掌管情绪的部位之间有很多神经连接，两者间的关系错综复杂。

在一般状况下，脑海中的一个念头飘过之后，后面往往就会勾起更多的想法，想法再带出一连串的对应情绪，这些情绪往往令人不舒服，而为了降低这种不舒服的状态，我们会做出某些适应的行为。问题是，这些用来降低负面情绪的行为有时候不见得是恰当的。

举个实际的例子说明想法、行为与情绪之间的关系。如果一个大人常常对他的孩子说："你怎么这么糟糕，这种事情你都做不好，你弟弟都做得比你好……"日子久了，孩子会很自然地发展出一些很稳固的想法，相信自己真的是个糟糕或没有能力的人，并且因为这种想法而产生难过、愧疚、生气等负面情绪。为了处理这股负面情绪，孩子可能会无意间破坏某个东西。"破坏"某种程度上转移了孩子的注意力，让他不会太难过。这个行为降低了孩子不舒服的情绪，当下一次孩子又想到自己很糟糕的时候，出现破坏行为的可能性就增加了。当大人禁止时，孩子并不会认为是自己的想法有问题，反而会因为大人的态度更相信自己是真的不好。

对不少容易出现高度焦虑状态的孩子来说，“我不好”“我没有办法”等类似的想法是非常核心又自然产生的。一旦想法启动后，忧虑、沮丧、紧张便会随着想法跑出来，孩子就开始拒绝或逃避各种任务或挑战，长此以往就形成用逃避的态度面对事情的模式。

以上的例子说明，很多时候，我们的情绪和行为的根源可能来自某些根深蒂固的想法，或是情绪引发某些固定的想法，进而去影响行为。因此，这个想法就成了我们在处理问题时首要厘清的关键。

“换个角度看问题”，讲的就是如何替换类似“我很糟糕”“我做不好”“我会担心别人的看法”等负面想法。但是想法通常来得非常快，是一种很自然的反应，所以我们很难觉察到它的存在，甚至不知道自己是因为受到这些核心想法的影响而生气。等到生完了气，自己受到了伤害，才开始后悔。

要调整这种信念并不简单，因为它是盘绕在你的生活中、依据你的经验长期积累发展出来的，除非你刻意注视它，不然几乎不会觉察到它的存在，更别说去澄清它带来的影响了。

所以如果要帮助孩子调整负面想法，首先就要从他脑海里每一刻产生的许多思绪中找出这些想法来，只有找出不当的想法，才有修正的可能。况且，要去挑战习以为常的思考模式本身，就是一件充满挑战的事情。

调整惯有的负面思考模式

父母可以带着孩子做到以下三点：回顾、检视以及公平（细节与应用，可以参考下一篇）。

1. 回顾

就是指带着孩子回想当他在面对某一种压力时，他是怎么思考的，他当时想到什么事情，把这些想法简单地写下来。有时候脑海中跑过去的不见得是想法，也可能是画面，这时父母也要鼓励孩子把它说出来。

2. 检视

带着孩子去看这些想法或画面是否合理，也就是说当孩子的想法是“我很糟糕，这件事情我绝对做不好”时，我们要带着孩子去看看他的想法是怎么建立起来的。更重要的是当孩子看到自己的这些想法时，下一步就是带着他去看看这样的想法是否合理（具体做法请参考第110页“关键问题14 如何改善孩子的焦虑”）。

3. 公平

练习公平地对待自己，当孩子过度看到自己不好的一面，而忽略了过去一些成功的经验时，家长要带着孩子公平地看待这些生活中的真实经验，而不是只偏向负面的事实，这对孩子来说才是比较公平的一件事情。因为我们在焦虑时，非常容易从生命经验中提取对自己不利的事实，而忘记了自己也有表现好的一面。带着孩子看到正反两面的经验，是让负面想法松动的开始。然后带着他不断地练习。

一旦你了解焦虑本身是一个可以通过外在技巧来处理的问题时，你就有机会重新掌握自己的心灵。

给父母的建议

焦虑对于我们最大的影响，就是只会看到自己不好的一面，而忘记自己好的一面。在这种情况下，我们更容易逃避眼前的挑战，这是一种焦虑带来的思考模式，因此如果想要调整这种思考模式，关键就是“对自己公平一点儿”“不要只看到自己糟糕的一面”。在每次焦虑出现的时候，如果能够比较公平地对待自己，孩子就能够慢慢摆脱焦虑的困扰。

关键问题 14

如何改善孩子的焦虑

我们可以先帮助孩子去思考问题是否可以解决，然后再写下任何可以解决问题的清单让孩子参考。

记得鼓励孩子去找到解决方法，但不必力求完美，同时把重点放在我们有能力改变的事情上，而不是放在那些超过我们能力的结果上。

上一篇我介绍了焦虑的基本特性，接下来我会提供一系列父母或老师随时能应用的技巧，这都是从上一篇的基本理论中发展出来的方法。

1. 分辨问题有无解

处理焦虑的第一步，就是先确认面临的问题有没有办法解决。解决是先评估各种条件，如问题难不难，我有什么资源等，把这些条件都搜集具体了，再进一步思考解决步骤，然后行动。

所以，重点在于区分问题到底是否可以解决。

当孩子开始焦虑时，以下的问题可以帮助我们与孩子一同厘清问题的本质：

A. 这真的是我面临的状况，还是只是我的想象而已？

B. 如果问题是我想象出来的，那么这个念头是怎么来的，我的担心合理吗？

C. 针对这个问题我能做些什么，或是准备些什么？这个问题超过我的掌控范围了吗？

如果问题能够被解决，我们就会自然在思考的时候转变为行动模式，这对解决焦虑是有帮助的，比如孩子担心他的第一次模拟考试，他就会去看日历还有多少天可以准备，总共要看多少书，要怎么安排读书计划等。但是对于有些无法预测、也无法解决的问题来说，如“如果我得了绝症怎么办？”等，焦虑是没有任何用处的。

所以，我们可以先帮助孩子去思考问题是否可以解决，然后再写下任何可以解决问题的清单让孩子参考。

记得鼓励孩子去找到解决方法，但不必力求完美，同时把重点放在我们有能力改变的事情上，而不是放在那些超过我们能力的结果上。

2. 对付无解的焦虑

当我们好好整理手边的资源时，就会开始发展出适应的方法，进入问题解决的阶段。但是，如果孩子担心的事情的确无解呢？在这种情况下，焦点可能会放在孩子本身的焦虑上。

学习面对以及接纳自己的情绪是基础。有些孩子会认为，自己应该随时保持理性，并掌控所有的事情，所以不应该有焦虑或是负面的感受，不应该有任何类似害怕或是生气的情绪反应。

我们对于不确定状态的忍受力，与我们焦虑的情绪有很大的关系。长期忧虑的人无法忍受任何不确定或不可预测性。他们需要百分之百地知道事情是否会发生。而想象每一件事情都会出差错，并不会让我们的生命变得更好预测与掌控。**不断把焦点放在最坏的结果上也不会真的让坏事远离，这只会让你无法尽情放松地享受当下的美好。所以如果要想停止焦虑，请从诚实面对自己只能接受确定**

与即时答案开始。

挑战对不确定性的容忍度，是释放焦虑的关键。

问问自己下列问题，并且写下答案。看看孩子是否能够从中了解无法容忍不确定性的缺点与困扰。

A. 生命中的每件事情都能够完全确定吗？

B. 确定性的心理需求对你的生命有什么好处与坏处？

C. 你是否会因为事情难以预料而因此认为坏事会发生？这样做你觉得是否合理？这些事情的正面或中立的结果会是什么？

D. 坏事在生活中是否有可能只占了一小部分，而发生的概率也只有一点点？

3. 挑战焦虑式想法

如果孩子容易因为各种事情焦虑，这可能跟他看世界的观点有关。比如说，他可能会过度夸大某些事情的坏处、很容易看到事情最糟糕的结果，或是把每个负面想法都当作事实。他也可能会看轻自己处理问题的能力，认为自己无法处理好任何问题。这种不合理又悲观的态度，就是心理学家所谓的“认知扭曲”。

虽然认知扭曲几乎都不是事实，但这种负向的观点也很难马上被调整或是修改。大多数时候，它们已经是孩子的思考习惯了，所以几乎不会觉察自己是这样看事情的。因此，如果真的想要改变对事情的观点，必须重新训练大脑。

大脑锻炼的第一步，就是要能够先找出这些负向的想法，仔细地找出那些让孩子恐惧或忧虑的想法，然后试着把它们当作有待被验证的假设，而不是直接把它们当作事实。一旦可以检验、挑战这些引发焦虑的想法，就能够找到一个更平衡的观点来看事情。以下举出三种与焦虑和压力有关的认知扭曲类型。

A. 全有全无的思考模式：看事情太过极端，不是黑就是白，没有缓冲余地，如："如果我表现不好，那么我就完全失败了。"

B. 过度概括：将一个单一的负向经验无限类推到所有事情里，如："如果我语文考不好，那么我其他科目一定也学不好！"

C. 跳跃式结论：在没有确凿证据的情况下马上跳到负向结论，如："我跟你保证，他们每个人都讨厌死我了。""我知道一定会有坏事发生。"

当孩子开始觉察自己的扭曲思考后，就能慢慢练习去找出和这些扭曲想法相反的经验。

4. 为自己创造一个专属的焦虑时段

如果孩子发现焦虑很难控制，不论他怎么告诉自己停止都没有帮助的话，可以教他一种延迟焦虑的方法，这个方法不是采取对抗焦虑的态度，而是允许孩子有焦虑的权利，但把时间稍微延后一点儿而已。延迟焦虑有三个方法：

A. 为自己创造一个专属的焦虑时段：最好是在每天同一个固定的时段和地点（比如每天晚上7点半到8点整，厕所马桶上），离孩子就寝的时间越远越好。在他专属的焦虑时段中，他可以尽量去担心任何想到的事情，然后等他睡觉时，让自己与焦虑脱钩。

B. 延迟焦虑：如果焦虑不断在生活中干扰孩子，他可以先将这些焦虑的主题稍微记下来，之后再带到专属的焦虑时段去担心，提醒自己："今天晚一点儿的时候，我会有一个专门的时间来处理这些焦虑，所以现在无须再花费额外的时间。先把焦虑记下来，继续向前走。"

C. 在焦虑时段复习他的"焦虑清单"：在专属的焦虑时段，拿出焦虑清单来，好好让自己沉浸在焦虑中。允许自己在这个时段尽量地去担心它们，但也只是在这个时段这么做。如果当他的焦虑不再那么严重时，缩短焦虑时间，并且好好让自己放松就寝。

延迟焦虑是一个很有效的技巧，因为它会打断你动不动就沉浸在焦虑中的习惯。同时，你也不需要压抑自己的想法，或是批评自己，你只是把焦虑的时间延后而已。一旦你可以慢慢养成延迟焦虑的习惯，你便会开始发展出控制感。

以上方法都是我们可以帮助孩子去使用的技巧，但是核心的关键是孩子怎么看待自己，他对自己是否有自信？他对自己的看法是否公平合理？他是否过度在乎别人的评价，甚至到了扭曲的地步？这些都是引发焦虑的关键因素，因此除了技巧的应用以外，必要的时候也可以通过专业的心理医生帮助孩子厘清自己的困扰，提供适当的协助。

给父母的建议

本篇的每一个技巧都值得提供给孩子，甚至我们大人自己也可以去尝试，因为这些都是我们面对压力或挑战时能够呵护自己的策略或资源。但是父母也要记得，以上技巧需要长时间地练习才会熟能生巧，就跟思考一样，一个常常在肯定言论中长大的孩子，他学到的就是用正面的态度面对自己与挑战。

有时候生活中总是会有一些突发的意外状况，引起孩子的焦虑，这时候大人可以教孩子一个方法，叫作“换位思考”，也就是请孩子试着去想想：“眼前的这个情况，如果是某某人（老师、父母或是其他孩子信任的对象）遇到这个问题，他会怎么做呢？”然后请孩子从那个人的角度来思考解决问题的方法。这个原理其实就是让孩子从自己的身份中跳脱出来，重新定位自己的角色，也能够有效地摆脱短期的焦虑。

关键问题 15

父母防不胜防的困扰——孩子的厌学问题

课业不是孩子去学校的唯一理由，也不是决定一个人价值的唯一标准，当你发觉孩子对学校表现出排斥、抗拒等情绪时，请务必找时间好好跟孩子聊聊，听听他遇到的问题，不要急着打断他，而是从孩子的角度了解他面临的困境，通常能够试着做到这一点的父母，孩子的状态也有机会跟着改善。

“我跟你说，等一下我们车停在山腰，再慢慢顺着山路走上去，慢慢走，不要惊动到他，否则他会马上从窗口跳窗跑掉，这深山野外的，他要是跑掉今天一定是看不到他了。”

晓君和我在车里先拟订今天的计划，她是学校社工，同时也是我的辅导伙伴。

“好，我会注意。”

“慢慢走，不要惊动到他。”晓君再次强调。

说完，我们将车缓缓驶进道路旁后熄火下车，开始执行今天的野外行动家访。

这是距离市中心已经超过30分钟车程的近郊山区，路口一条小小的道路，沿着山径蜿蜒到只有当地人才知道的村落，碎石子路只容得下一辆车身，会车都显得困难，好在这样的山区不太会有车子经过。我和晓君蹑手蹑脚地走到一栋铁皮屋搭建工地模样的房子前，隔着铁门悄悄往内张望，寻找我们今天的目标：杰哥。他是一个初中生，因为不断请假而面临辍学的风险，因此由社工前来家访，提供必要的评估与协助。

“门没关。”我轻声地说。

“因为我跟他的父母先联络过了。”晓君一脸淡定。

就在准备推门进去时，我冷不防瞥见一旁的狗屋，还没反应过来，狗已经狂吠起来。

“走！”晓君一个箭步，我随即冲了过去。

就在电光火石之间，房子大门突然打开，孩子的父母走了出来，对着晓君咧嘴笑着打招呼。

“老师早，小朋友在里面，还在睡，没听到声音，麻烦老师再帮我劝劝他，实在是不好意思，我们实在没办法，不知道该怎么办才好。”杰哥的爸爸憨厚地一直解释，从他脸上的歉意感觉得出来他对这件事情已经无能为力了。

那是我跟杰哥第一次也是最后一次相遇。后来直到毕业前，他始终都是维持着辍学的状态，最后以结业的身份离开学校。杰哥始终没有回到学校，但越来越多类似他的厌学孩子在我的从业生涯中出现，他们在诊所及家里之间徘徊，但却回不到理应去的地方——学校。

有关厌学这个问题，根据几年来在学校及诊所和老师、家长及孩子合作的经验，我进行了一些分析和思考，希望能够作为父母的参考与借鉴。

孩子不想上学的原因

1. 家庭功能不完善

这大概是90%以上的厌学学生家里都有的共同现象。至于许多厌学的孩子，因为父母受限于工作状态、经济问题或是大环境的结构因素，以致生活作息无法与孩子的学校生活相协调，因此无法解决孩子许多学业上的根本问题。

在长期缺乏家人督促或管理的情况下，如果孩子这时交友状况出现偏差，也会开始出现厌学的情况。而孩子交友的情况恶化通常是通过网络开始的，因此家庭功能、网络、交友成了厌学的主要原因。

2. 对学校兴趣不高

对某些孩子来说，学校是一个非常无聊的场所，因此对他们而言，不去学校大概是每个人心中最大的愿望。不过大部分学生心里就算这么想，但每天还是乖乖地去学校，主要原因就在于家庭能够发挥一定程度的控制力，因此第一个原因和第二个原因是相互影响的。

3. 家长教育功能

如果孩子没有其他特定问题，只是对学校没有兴趣或是沉迷游戏，这些通过亲子教育便可获得一定程度的改善。然而我看过不少父母在亲子教育的过程中遇到麻烦，不是管得太轻就是标准不一致，最后落得被孩子威胁的窘境，这实在是很可惜。当孩子摸清家长的底线之后，他们往往便会利用这个底线来达成自己的欲望。

4. 个人临床问题

也有一定比例的孩子，因为个人临床上的特质或问题，甚至同时混合以上各种原因，在学校中面临相当大的压力。这个压力让孩子对于学校生活感到相当不适应，因此厌学往往是孩子面对压力的方法。

父母如何面对与处理

1. 家庭功能

家庭的经济状况、人口组成、父母的工作条件等问题很难改变，这点不应该成为我们指责父母亲的借口，毕竟家长是为了家庭最基本的温饱没日没夜地努力着。所以在这个限制下，如何给孩子提供稳定的心理支持，是我们可以思考的方向之一。建议目前因为工作、家庭等原因无法稳定陪伴孩子的家长，在条件许可的情况下，思考是否可以委托亲戚、老师共同帮忙管理孩子的到校记录。在这些孩子身上，厌学并非突然发生的，而是逐渐积累的结果。因此父母虽然无法陪在孩子旁边督促其学习，但也可以通过各种方式保持密切的关注，提出明确而具体的要求，让孩子知道待在学校里是家长的基本要求。

比如，你可以写便利贴、打手机或请老师帮忙提醒孩子该完成最低限度的课业，或是加入小区的互助组织，让更多的外在资源协助你，避免因工作或经济问题限制了你与孩子相处的机会。

2. 对学校兴趣不高

这部分跟目前学校体制以及文化结构有相当大的关系，但就算孩子对学业没有兴趣，目前初中都有充裕的经费设置许多特长班等多元学习渠道，家长可以鼓励孩子利用学校的辅导系统提升自己，而不是孩子一句“对读书没兴趣”，家长就跟着放弃对孩子的要求。因为学校不是只有各种科目的学习，也包括做人、做事、情绪、自我探索等内容的学习，所以“单纯对科目没兴趣”不是家长接受孩子厌学的理由。

父母在跟孩子讨论时，不需要把焦点全放在功课的表现上，同时也要避免让孩子认为功课完全不重要，而是看到他在课业以外的其他能力，这将能改变学校对孩子的意义。

3. 家长教育功能

关于教育功能这一点，我的感触特别深。因为和许多孩子接触以来，我发现厌学与家长的教育能力有很大的关系。而这些教育问题多半是在“不知道怎么拒绝孩子”“被孩子威胁而予取予求”“说话管教没有威信，孩子完全不听也不在意”。这都显示出一个事实：父母的教育需要有中心思想以及坚持一致的态度。

如果你随时可以改变自己的原则，或是因为心疼孩子就提供过多好处……那些你觉得没有关系，但跟你的原则不一致的决定就可能为你日后的教育带来负面影响，请不要小看这些不一致的教育行为。

如果父母不知道该如何坚持，那很可能反映出父母自身的某些问题，不过有一个观念非常重要：**“你现在无原则地满足孩子，让他失去对自己责任应有的认知与界限，将来他将会以掠夺的姿态给你带来无尽的担心。”**

我的建议是：“教养一致、因果一致、言行一致”，这三点非常重要，请家长牢记。“不一致”是许多父母的弱点，别让它成为孩子与家人日后的痛，现在放松一时，将来可能会付出很大的代价。一致不是严厉，尤其是当你发现自己与配偶在教育态度上不一致时，也请千万不要用孩子作为威胁另一半的手段。

另外，孩子的交友也是影响厌学的因素之一，如果孩子认识的朋友多半是辍学的学生，那么他厌学的可能性也会增加，因此适当了解孩子的交友状况，也是值得我们重视的部分。

4. 个人临床问题

这部分问题较棘手，相对也复杂许多。每个孩子的临床状况不同，这些临床状况会因为家庭问题而加剧。因此一旦孩子本身有任何忧郁、焦虑等临床问题，请务必一定要和精神科医生、临床心理医生一同合作，协助孩子解决他个人生涯的重要问题。

给父母的建议

厌学的原因很多，但大部分厌学的孩子都有家庭功能不完善的情况。如果父母对于孩子的状况心有余而力不足，可以试着让小区或学校的资源协助你，不要让孩子失去跟学校的联系。课业不是孩子去学校的唯一理由，也不是决定一个人价值的唯一标准，当你发觉孩子对学校出现排斥、抗拒时，请务必找时间好好跟孩子聊聊，听听他遇到的问题，不要急着打断他，而是从孩子的角度了解他面临的困境，通常能够试着做到这一点的父母，孩子的状态也有机会跟着改善。

关键问题 16

点亮孩子心中的灯——谈青少年忧郁症

若我们对忧郁症等身心疾病有正确了解，知道治疗的策略与效果，将会让我们对孩子的康复有比较正确的期待，避免不必要的压力。因此，如果孩子或家人正饱受忧郁症之苦，对于父母来说，了解忧郁症的相关知识是非常重要的。

青少年的忧郁症，其实在初、高中并不少见。我们要做的事情，就是在家人支持的氛围中，通过有技巧的互动原则与专业的治疗介入，让孩子能够重新振作起来。

父母如何面对与处理

当孩子或家人承受忧郁症等身心疾病困扰时，这代表在未来的日子里，他有非常多的挑战要面对。身心疾病的疗愈漫长且艰辛，在这个过程中，绝对不要小看各位能为孩子带来的力量。以下是在面对忧郁症孩子时，可以提供协助的具体方法：

1. 认识疾病

“知己知彼，百战不殆。”若我们对忧郁症等身心疾病有正确了解，知道治疗的策略与效果，将会让我们对孩子的康复有比较正确的期待，避免不必要的压力。因此，如果孩子或家人正饱受忧郁症之苦，对于父母来说，了解忧郁症的相关知识是非常重要的。

2. 正规治疗是王道

忧郁症的治疗，应当寻求精神科医生与临床心理医生的协助，通过药物与心理治疗中的认知行为技巧，协助孩子逐步地走出忧郁的阴暗之地。

若孩子抗拒治疗或吃药，这是很正常的，他一定有合理的理由，父母可以听听他的担忧是什么。如果他对于治疗感到疑虑、对药物的副作用感到不舒服，可以和孩子一起向医生厘清疑问，解除忧虑，若是孩子抗拒心理治疗，父母也可以和医生一起讨论如何克服。

父母的角色就是温和且坚定地鼓励孩子寻求治疗，并且支持他完成整个疗程。

3. 生活规律化

忧郁症会带来作息上的全面失调，包括睡眠。睡眠对健康是相当重要的，如果作息不规律，也会影响忧郁的症状。因此协助孩子进行规律的作息，越规律的生活越好，并且在规律的生活中仍要提供环境的充分刺激，如安排白天出去走动、骑车、打球，或任何孩子之前有兴趣的活动，这些刺激对于大脑的调节有所帮助，也能够调节睡眠的步调。

4. 任何小进步都值得被看到

身心疾病的治疗是逐步而缓慢的，但对孩子而言，任何一点儿小小的进展或是改变，都值得被认真地看待。父母可以让他知道，你以他的努力为荣，因为我们要肯定的是他愿意面对病症的勇气，同时避免把自己的期待变成孩子的压力。任何生病后的正向改变，尽管和之前的水平可能有落差，但对孩子来说，这都是改善的痕迹，值得被大人看到。

✔你可以说：“我知道这对你很不简单，我看到你在________（方面）的努力，我们一起慢慢来。”

✘尽量避免说：“你要加油靠自己呀（造成被遗弃的感觉）。”“你不要想太多（负面的想法很难通过自己控制，这么说反而增加了无力感）。”“你要想想你的家人呀！你要为他们努力（把改变的责任和压力变得更大，引发逃避）。”

5. 主动询问

你需要什么？永远不要假装你知道孩子需要什么，因为那是不可能的事情。当他感到沮丧、难过或是焦虑时，主动问他：“我可以为你做什么？”好让孩子可以在适度准备的情况下应付眼前的环境。

6. 除了耐心，还是耐心

身心疾病的发生与个人思考习惯有关，而要改变一个人长期积累下来的思考习惯，相当困难。保持耐心，采取合理的期待，才不会给自己和孩子太大压力。

7. 照顾好你自己

当孩子或家人出现情绪反应时，请务必保持冷静，你可以同理他的情绪，但避免把焦点过度放在他的情绪上。通过朋友、同事或其他家人的支持来放松自己，对你来说非常重要。

8. 良好而专注地倾听

有时候，只是去说出自己的状态或想法，便能够增加患者的控制感，这种控制感在压力调适及疾病适应上，非常重要。请允许孩子去描述他的感受，你只需要专注倾听，不带评论与批评，这样不仅可以更清楚地掌握他的状态，也不会让他有孤立无援的感受。**倾听有三个原则：不急忙打断、不急着下判断、不急着给答案。**

给孩子的建议：如何面对自己的忧郁

不知道你有没有发现，过去我们在做某些事情之前，嘴巴都会复述或是描述自己在做的事情，比如说："我要把这个积木放到这个地方。""滑梯有人在玩儿怎么办呢？我可以晚一点儿再过去。"……或是在事情结束之后："今天没办法玩游戏，那就下一次吧。"……这是一个很常见的现象，你会发现我们现在都还常常会有这种自我语言，只是发生在大脑里，不会真的念出来，如："这个猪头老师，他一定是故意找我麻烦""好烦，每次他这样说都感觉是在说我。""大家一定都在等着看我出丑。"……我们过去没有特别在意这些自我对话，但事实上，人们对自己所说的话也可能会决定他们的行为以及心理状态。

心理学家梅肯鲍姆（Meichenbaum）认为："人们对他们自己所说的话（内在语言），决定（控制并且引导）了他们自己的行为表现。"

简单来说，思考（内在语言）是一种习惯，而思考的内容会对情绪以及行为带来影响。但内在语言不见得一定是负面的，相反地，中立的内在语言也可以平复负面的情绪。因此，我们可以选择对自己说的话，不管是中立的或负向的，而这些都会影响你的状态，这往往取决于你的选择。下面有三种自我对话的方式，当你遇到困难时，可以先试着对自己说说看，它就像思考的开关或调节器，当你这么说的时候，有时候状况就会因为你选择的"开关"而有所改变：

1."适应式"内在语言

这是指我们在面对外在环境刺激时，所产生的内在语言。

比如在面对压力时，我们可以告诉自己一些应付措施，这可以避免我们陷入更糟糕的情绪里，并做出比较适当的响应。这类内在语言如："我可以试试看，毕竟事情并不总是糟糕的，况且我过去做得到，我只是需要一点儿时间做准备。""我会有点儿紧张，所以先试着放轻松，然后谨慎慢慢地处理就好！""同学说话的方式让我很难受，我会难受是很合理的，我要试着找些方法来照顾自己。"

2."行动式"内在语言

这是告诉自己如何行动的内在语言。比如说："好，我现在很难过，我要停止这些让我难过的想法，然后再试着先专心5分钟。""我要先试着运动5分钟看看，我可以先安排走路就好。"当我们利用这类内在语言时，要先考虑自己是否能做到，否则困扰会更多，比如："我要上床后马上睡着"。

3."评估式"内在语言

这是指我们在行动后，依照自己的表现做出进一步的评价。

当我们有了一些成功经验后，会对自己说："我做到了，我真是不错！""我有能力可以完成这些事情。""其实让自己尝试10

分钟的运动，并没有想象中的困难。”……这都会增加我们对自己的正面感受。

如果结果不理想，也可以用此自我鼓励，如：“在这件事情上，我已经尽力了，或许结果不如我预期，但这不代表一切都完蛋了，我可以从里面学习，做出一些调整，下次也许会更好一些。”

这些都是你可以尝试的例子，当下次你发现自己的内在语言开始让你感到不舒服或是难过时，不妨练习以上三种调整方法。一旦你慢慢地养成了习惯，说不定也会对你有所帮助。

给父母的建议

目前研究指出，忧郁症的患者同时接受药物与认知行为治疗的效果最好。因此，一旦发现孩子出现忧郁情绪时间过长，同时过去感兴趣的事情现在都提不起劲儿，睡眠以及饮食习惯有明显的改变（睡太少或睡太多），非常容易暴躁生气（青少年的忧郁特性）时，建议尽快带着孩子到医院咨询，让精神科医生以及心理医生共同协助孩子恢复身心健康。

关键问题 17

当孩子自我伤害时

自我伤害这个问题很复杂，原因各不相同。总结来说，在青少年的自我伤害中，除了特定的精神科问题，如忧郁症、焦虑症、药物滥用或人格异常等，需要直接由精神科医生、心理医生协助外，其他的自我伤害多半可能跟冲突有关。

“陈老师，这是下星期和您预约咨询的个案资料，麻烦您了。”

助理递来一份文件夹，是下周咨询个案的数据，通常我习惯早些看数据，这样比较能有充分的时间先进行了解，做方向上的评估和准备。打开文件夹，只有一张门诊记录。

▲病历摘要：

政雄，初中三年级，男性，14岁，在校成绩中等，无家族精神科病史。

本月初无故跟母亲表示："人生没有意义""有没有我都没有差别"，当周末趁家人外出独自在家中时，留下遗书后不知去向。经家人与同学及老师联络都找不到孩子，当天晚上补习班老师深夜时在教室附近看到孩子漫无目的、神色有异，经联系家人后被带回家。

▲家庭状况：

个案父亲是业务经理，母亲担任公司会计，家境小康，案主为独子。

▲后续处理：

建议转介心理医生进行心理行为治疗，持续门诊追踪。

我合上卷夹，开始在脑海中快速整合这些片段的数据，以及其中遗漏的重要信息。

自我伤害这个问题很复杂，接触初中生这么多年，原因各不相同。总结来说，在青少年的自我伤害中，除了特定的精神科问题，如忧郁症、焦虑症、药物滥用或人格异常等，需要直接由精神科医生、心理医生协助外，其他的自我伤害多半可能跟冲突有关。

所谓冲突就是两方立场对立不兼容，可以是孩子跟自己的冲突（能力、课业、表现、自我观念）、人际的冲突（包括感情）、跟家人的冲突等。这些冲突可能是显著的，也可能是隐蔽的。这代表自我伤害的原因必须花费许多时间，还原孩子内外的各种状态，才能找到比较清晰可靠的理由。

找出情绪失控的原因

到了约定的那一天，孩子按约定来到诊室。

眉目清秀的一个男生，表情腼腆、羞涩，外表就是个乖乖型的学生样，脸上感受不到任何曾在生命前挣扎过的痕迹。讨论很快切入正题，即使在陌生人面前，孩子也不保留地谈到自己心中的秘密。一般来说，青少年面对自我伤害的话题算是相对开放的，似乎这个问题并不需要很大的勇气就能面对。而眼前这个孩子选择自我伤害的原因跟感情上的冲突有关：被分手。

孩子的这段恋情在彼此的好感中升温，也经历过几次争吵、生闷气、冷战。在某一次因为意见不合大吵后，孩子赌气地提出分手威胁，结果没想到女方也明确要求分手，孩子知道对方立场坚定到完全没有复合的余地后，人都快要疯了，而对方的理由是“个性不适合”。

“个性不合”对一个初中生来说，应该是比微积分更难懂的分手原因，根本无从了解起。偏偏这段地下恋情孩子从没对家人说过，现在遇到困难向朋友说，也只得到一堆更想死的答案：“那个女的到底哪里值得呀？”“反正她好像已经有喜欢的人了。”“听说是隔壁班篮球队的那个郑帅。”“你这样不算输，是人家条件太好。”……

面对这么痛心的拒绝，六神无主之下，孩子只想到要把自己活活饿死让对方后悔，写了封遗书就离家出走，但又忍不住饥饿，一个人逛着逛着来到熟悉的托管班附近，就这么被抓着了。

“我猜，你当时应该已经难过到不知道该怎么面对这件事情了。”

“我只想要她回来……”

“所以听起来，你的计划是先饿死自己，让她回来？要回哪儿？”

“嗯……”

后来在几次的会谈中，孩子的情绪开始变得比较平稳，自我伤害的风险也降低了，因此办理了结案。

引发自我伤害的是各种形式的冲突，然而不管这些冲突的类型是什么，大部分导致孩子自我伤害的是冲动。因此，只要能够找出情绪失控的原因，给予适当的支持，孩子基本上能够慢慢复原。

用好情绪支持孩子

好的情绪有几个简单元素：

① 表达你对这件事情的遗憾、同理心。

② 在他愿意的前提下，表达你愿意随时开放地跟他聊。

③ 承认自己的能力有限。

④ 不给予任何批评或过于正面的建议。

不管你怎么说、怎么做，包括越多元素，支持的质量就越好，这部分可以参考以下对话：

“××，我猜这件事情让你不太好受（简单的同理），或许我没办法给你什么建议或是帮上什么忙（承认自己的能力有限），但是如果你觉得不太想一个人面对的话，你可以找我（给予开放的空间）。”

或是更简单的：“我懂，我想听你多说一点儿。”

尽量避免给予批评或是空泛的正面建议，如：

✕“这种事情我跟你说过多少次了？你看看你！结果呢？”（事后诸葛亮型）

✕“这点儿小事情都熬不过，将来人生比这严重的挑战还很多，你知道吗？”（贬低孩子的价值）

✕“你要振作！你要赢回你的人生！去读书！”（条件式的正面建议）

✕“不要哭！坚强起来往前走！”（空泛的正面建议）

不过，除了上述原因以外，面对青少年的自我伤害，有一个部分是我认为必须更谨慎探究的：孩子在面对生命的态度上，是否有一种哲学性的结论——认为生命是没有意义的。

这是一种否认生命有意义的观点，认为生命本身不值得期待，因为人终究有一死。这类孩子，我们看不到他有什么忧郁的反应，但他确实觉得生命本身没有什么意义。

因此，当和孩子以“生命究竟有没有意义”的观点来讨论时，便会陷入彼此无法证伪的循环中。

因此，我会建议父母在处理这类话题时，可以试着从另一个角度：讨论过去生命中曾经热切与投入的经验，也就是说孩子过去有没有曾经很主动投入的事件或感受？如果有的话，那么这些事情当中他所感受到的任何体验都可以作为“生命有意义”的证明，将这种正向经验的回顾与生命的意义相联系，孩子对于生命或许会有比较正向的看法。

给父母的建议

自我伤害是一个非常复杂又牵涉许多个人、家庭与环境的问题，因此在处理上必须相当的慎重。通常孩子会有比较明显的生活变化，包括食量改变、兴趣降低、退缩、学业退步等，这些都是我们用来了解孩子状态的一些指标。

若父母或老师看到任何线索而担心，可以找一个私底下的场合，表达你所观察到的孩子的现象、行为，以及你的担心，并且直接询问孩子是否有自我伤害的想法、计划甚至行动。父母不用担心直接询问会引发更严重的后果，依据世界卫生组织的研究指出，直接询问对方自我伤害的想法，这种行为本身传递出了一个相当重要的元素——关心，反而有助于降低自我伤害的发生率。

更重要的是，寻求专业的心理医生或精神科医生的协助，是相当重要的一件事情。

关键问题 18

与父母处处唱反调的孩子

我们都希望孩子在成长的过程中积极追求，尽管旅程并不轻松，但当父母看到孩子背后的困境，并且做出适度与充分的尊重与协商时，相信孩子也会由衷地感受到我们心底厚实的情感。

“喂，请问是品皓老师吗？”电话那头传来焦急的声音。

“是，我是，请说。”

“是这样的，我想请老师帮我儿子做咨询，我觉得他有忧郁症了，我很担心他，但是我不知道该怎么办！”一个妈妈无助地说。

“请慢慢来，可否请您大概说一下孩子的状况？”

“他今年上初二，小学时都乖乖的很听话，可是从半年前开始，我发现他明显有些状况，我不太会说，就是他既不读书，考试也一直在退步，每天都不知道在做什么，跟家人也越来越没有互动，问他什么都不太理人，我担心他是不是有情绪问题，但是他又完全不跟我们说，我和他爸爸真的是吓到了……”

“好的，好的，您听我说，我必须亲眼见到孩子，跟他聊上几句，才能确定是什么情况。”这是一个相当重要的问题，没有见过孩子之前，任何第三方的信息可能都只是臆测。

约定了时间，孩子与妈妈一同来到诊所，与其说一起来，不如说孩子是被妈妈拖来比较恰当。只见一个十三四岁的孩子，清爽的学生模样，却神情萎靡地瘫坐在沙发上打着游戏，眼神中又有种说不出的精明，但在回应妈妈时，又略带着一丝丝的抗拒和不耐烦。在我的邀请下他慢慢踱步走进会谈室。

“你好，我是心理医生品皓。”

“嗯。”孩子低着头，声音从喉咙中勉强挤压出来。

“今天第一次见面，我猜你对这个环境甚至眼前的我，应该都很陌生吧？”

“嗯。”他看了我一眼，彼此开始有了接触，不过可以感觉得出来，一种没有动机的氛围出现在会谈室里。随着会面次数的增多，我们讨论到孩子的兴趣，以及事发前的家庭生活。

“听起来你对金庸的武侠小说相当入迷呢。”

“阶段考试前，我父母逼我去房间念书，那我就念呀，但我念的都是这些书……”

“愿意多说一些吗？你突然提到……那是什么感觉？”

“就不用被什么尘世的事情所烦恼，闲云野鹤的感觉，当时非常无聊！”孩子顿了顿，“小学的时候好像就有了，阶段考试前就被父母叫进房间去念书，我现在想起来也很奇怪，小学时父母干吗那么紧盯人，我搞不懂，小学干吗那么在意成绩呀？”

“当他们用这个来要求你的时候，你是什么样的状态呢？”

“他们越要求我，我越想反抗，我现在回想起来就有这种感觉。”

“为了摆脱那个经验，而和他们对抗，你选择了一种‘你越要求、我越不配合’的方式去响应他们，这样的模式在后来的生活里有没有常常出现？包括现在的生活中？”

“就是他们越要求我，我就越想反抗，我在想我都几岁了，他们打算管我到几岁……”经过医生的诊断及心理层面的评估，孩子并不是医学上的忧郁症，不过很明显他受到亲子关系的困扰，是长期以来不断积累的结果。

当然对父母来说，得知孩子没有精神科的问题显然放心许多，但听到亲子关系的状态又皱起眉头，在他们心中，很难想象为什么过去管孩子没问题，但现在却管不动，真是搞不懂。我完全理解父母的心情。对于父母来说，我们心中大概永远都没办法不去担心孩子的未来和发展，如孩子是不是存在偏差？现在不读书，将来怎么办……许许多多的想象会浓缩成一个核心的理念：“不能让孩子在他自己的人生中出任何错。”于是基于这样的担心，当父母感受到孩子的反抗时，他们就更试图限制孩子的某些空间或选择，而这与孩子心理的发展是完全矛盾的。

当孩子的“我”逐渐抬头

每个孩子在小学高年级跨到初中的过程中，会逐渐开始强调“我”的存在。这个“我”指的就是孩子在乎有关他自己的一切，他开始在乎自己的感受，开始摸索并享受自己的权利，在乎别人对自己的看法，也喜欢别人听自己说，他会怀疑自己的能力，想做些什么但又听不进别人的意见，开始在遇到挫折后看到现实与想象的落差。

因此当孩子的焦点开始放在自己身上时，他的“我”这个部分就开始和父母分离，过去依偎在父母的照顾中，不太有意见或反抗的孩子，这时候开始重视自己怎么想，而不再只是在乎父母怎么想。因此亲子间开始意见不合、情绪起伏与冲突。“我”的角色变得越来越明显，甚至发展成核心。

过去我们只要稍微把话说重一些，表情严肃一些，孩子就会听话。但现在孩子不太听我们说，不太照我们说的做，这与我们过去习惯的模式变得不同，他不断因为“我”的长大而变得尖锐，而我们还来不及从过去的应对方式中抽离、调整，因此冲突便不断在这种我以为孩子没变的落差、失望与惯性中屡屡发生。

对许多孩子来说，他心里也有自己的冲突和矛盾。从小学到初中，其实是很多差异和改变的开始，在课程的难易度、学业的竞争、人际关系的复杂性、两性好感的滋生等，他在许多竞争中，突然看到自己和过去的落差，似乎有些表现没有想象中的好，尽管想要试着证明自己，但同时隐约担心努力过后仍然失败，这样就会更加否定自己。

加上这个阶段孩子的激素急剧升高，情绪上的起伏也跟着加大，情绪又会影响理智及判断力，因此落差与情绪叠加的结果，使孩子在大人的唠叨中爆发。

但不管原因是什么，我们可以确定的是，想到要面对自己不好的一面，是很恐怖的一件事。因此，逃避或部分逃避可能成了一个远离失败、保全自己的方法。当孩子在跟自己内在的状态搏斗时，我们很难用外在的标准去检视他的成效，而这往往也是让我们容易焦躁、生气或失望的原因，而这又在无形中回过头来持续深化我们和孩子之间的冲突。家庭间的彼此，是在同艘船上的共渡人。我们都希望孩子在成长的过程中积极追求，尽管旅程并不轻松，但当父母看到孩子背后的困境，并且做出适度与充分的尊重与协商时，相信孩子也会由衷地感受到我们心底厚实的情感。

和孩子一同找出原因

许多孩子对自己的看法，其实是和父母的评价联系在一起的，因此当他无法用过去的方法得到肯定时，有些人或许会宁愿放弃这个途径，或是在其中给自己一些喘息的借口和空间，这时候我们只会看到疑似抗拒的行为。当面对孩子无动机等疑似逃避（放弃也是一种逃避）的行为时，我们会试着引导孩子进行思考：

① 他逃避的原因是什么?

② 他是否知道自己的处境?

孩子是否知道自己目前面临的状况是什么？原则就是“具体化”，比如说孩子觉得写作业很烦，因此打游戏让自己放松一下，但是一打就打过头，花了太多时间，反而要熬夜写作业，想睡觉的感觉让心情变得更烦。这个讨论能让孩子比较清楚地了解自己的处境是怎么发生的。

比起“你就是游戏打太多啦”“你什么事情都想逃避”的批评，“具体化”会更有帮助。

③ 他过去用了哪些有效或无效的方法处理问题?

孩子过去处理事情的方式是在解决问题，还是增加更多的问题，能够解决问题的就是有效的方法，增加更多问题的就是无效的方法，而孩子采取的是哪一种方法？这些方法有没有为他带来更多的困境?父母可以先观察、思考，并且和孩子好好讨论这个问题。

讨论同样以“具体化”为原则，比如在讨论人际关系时，与其说“人际关系会变糟”，不如说“你这种说话方式会让朋友对你产生误会，然后疏远你”。

④ 他用什么方法（策略）维护自己的价值感？

我们都想感觉到自己有价值，因此任何一个可能破坏价值的威胁，我们都会选择逃避，这是很正常的反应，所以当我表现不如预期，我以后就会想要逃避；当我猜测自己之后可能表现不会很好时，我现在就会开始逃避。因此，如果父母能够看到这一点，之后不管是生气责骂或讨论时，就能尽量避免伤害到孩子的自我价值（或是对孩子人格的攻击），把重点拉回到对问题的讨论上，从中找到改善的机会。

⑤ 现在还在用哪些方法？

当父母探究这些问题时，无形中也会为自己教育孩子打开沟通的渠道，让彼此的关系在冲突中开始迈向平缓的道路。

那个被妈妈带来咨询的孩子，在我和家长单独会谈几次后，通过家长态度及方式的调整，他们在家中的互动也开始有了一些改善。

最后一次和孩子见面时，他提到了家里的状况。

“我最近和他们（父母）吵架的次数好像变少了。”

“怎么说？他们现在都躲着你吗？”我打趣地问道。

“哈哈，不是的。我觉得他们和以前不一样了，应该是说话的方式吧，他们不怎么啰唆了，一件事情说一次就好，顶多再提醒一下，不像过去一件事情可以一直说一直说，光听到他们开口说第一个字，我就已经觉得很烦了，现在他们反而比较愿意听我说，跟我讨论。”说到这里，孩子侧头想了一下，回过头看着我。

“老师，你是不是跟他们说了什么？”

“我吗？”他冷不防的问题吓了我一跳，“我只是提醒他们，这是他们本来就知道但忘记的事情。”

“就这样？”

“就这样。”我得到一个微笑的响应。

给父母的建议

大多数情况下，对立不是突然出现的，而是渐进的结果，孩子的“我”变大是核心的原因，而表达是让对立显现出来的催化剂。因此，我们看孩子的角度开始会有一些心态上的改变，同时，如果沟通时能够试着降低“唠叨模式”或“权威模式”的比例，提高“平辈模式”或“朋友模式”的比例，将更有机会提高亲子之间互动的质量。

关键问题 19

青少年与毒品

吸毒的年龄层有越来越下降的趋势，它是一个刻不容缓的重要问题。因为一旦沾染上毒品之后，它带来的破坏是非常巨大的，但好消息是，家庭的功能越完整，便越能为孩子建立起天然的防线，阻隔不必要的伤害。

我在精神专科医院工作很多年，专门收治许多长期罹患精神疾病的患者。其中有一个人令我至今印象深刻，我初见到他时才20多岁，整个人帅气十足，是那种走在路上路人也会忍不住多看几眼的大帅哥。

他刚住院那几天，我心里还纳闷，眼前这个年轻小伙子怎么看也不像是发病很久的患者。于是我拿起病历看他的发病经过，才恍然大悟。

这个小伙子家世背景显赫，父母是公司董事，家境富裕，从小就被家人单独送出国求学，住在亲戚家，由亲戚代为照顾，由于家人太忙，所以只能寒暑假的时候偶尔飞过去陪陪孩子。可能是长期少了家人的约束和照顾，或是交了新的朋友误入歧途，孩子在高中时就开始抽大麻、吸烟，三年级还没毕业，就已经开始接触迷幻药、摇头丸，甚至海洛因。最后孩子因为药物引发的急性精神症状在当地小区常常惹出事端，于是被家人接回来接受治疗，但是情况一再地复发，最后只能送到专科医院住院治疗。

“可惜呀，好好一个人。”一旁的护士看着我手上的病历，不停地叹气。

“是呀！”我除了无奈，似乎也接不上话。

我第一次与这个小伙子正面接触，是在他住进来的几天后。有一次，他背对着我在护理站前照镜子，我经过他背后才没几步，便听到他在后头大声叫住我。等我一回头什么都还没看清楚，只见他一记拳头瞬间就打在我的脸上！就在眉心这个位置，不知道是力气太大还是打的位置太准，我顺势往后跌坐在地上，脑子还没反应过来，接着又是一拳打来，在同一个位置。这大概是我这辈子唯一一次眼冒金星。

“你为什么在我身体里面说话？”

“什么？”

“我说！”他咬牙切齿地说出每一个字，“你为什么在我身体里面说话？”

这下我终于听懂了，他很生气，是因为我在他身体里面说话。

看来我在他身体里面说话这件事把他惹毛了，当他冲上来要再挥第三拳的时候，保安大哥连忙将他拉开。事情在医生评估患者有幻听干扰，并打了镇静剂之后告一段落。

“如果他不戒掉毒瘾，这辈子算是完蛋了。”我还记得当时不知道谁在我耳边这么嘀咕。

这是我入行以来第一次亲身体验到，毒品会如何影响一个人的身心状态，也亲眼见证毒品如何销蚀了一个年轻人的大好青春和生命。对一个人的大脑功能、身体机能来说，在严重的情况下，毒品甚至会造成不可逆的功能损伤。

在某些地区的校园内，如果你愿意尝试又有门路，只要几百元的代价就可以买到三四级的管制药品，甚至免费赠送。曾有孩子跟我说，现在毒品都包装得很精美，甚至有些做成速溶包方便你直接泡水喝。

但是如果说到孩子为什么接触毒品，原因大概会让你惊掉下巴，因为大部分孩子第一次接触的原因是无聊、好奇或是跟潮流。所以，关于毒品危害的教育倡导不能只靠学校，在家中也该提供适当的信息。除了科学检验的方法以外，我们很难通过外在行为来判断孩子是否在使用毒品，所以给孩子灌输正确的观念是有必要的。不过以我长年在学校工作的经验来看，如果家庭功能不完善、环境资源不足，这样的孩子往往更容易沾上毒品，这或许可以给予我们提醒。

在哪些家庭因素和环境因素下，孩子可能成为接触毒品的高风险对象呢？总结来说就是：

① 家庭是否提供了接触毒品的空间，家长是否有能力管教、监控孩子的行为、交友等，家庭亲密度高不高、父母的婚姻状况是否稳定等。

② 环境通常包括孩子学业成就低、对未来所受教育的期望低、同辈或朋友有较多偏差行为等。

综合以上信息，你会发现家庭其实在孩子接触毒品的问题上是

第一道也是最重要的防线，家庭结构稳定或是亲子互动质量良好，对于孩子会有保护性的效果。当我们讲到这里，你可能已经发现一个很重要的事实：不管前面我们说的任何跟人际、行为、学习、情绪或是这篇药物使用有关的主题，全部都跟一个核心概念有直接的关系，就是家庭功能。家庭功能这个概念有点儿抽象，但其实说穿了就是一个家庭对于其中的成员来说，它能够提供哪些重要的功能、提供的质量如何，从最基本的提供家人经济上的支持与照顾，到保护家人身心安全，以及提供给家人身心娱乐、教育的功能等，都是家庭应该具备的。

或许，你也可以通过具体的量表来评估你们家是否具备以上功能，而这些选项也可以作为我们跟家人互动时的参考方向。

本量表为Smilkstein于1978年制定的家庭功能问卷（APGAR量表）

① 我满意于当我遇到困难时，可以求助于家人。

② 我满意于家人和我讨论事情及分担问题的方式。

③ 我满意于当我希望从事新活动，或是有新的发展方向时，家人能接受并给予支持。

④ 我满意于家人对我表达情感的方式，对我的情绪（如愤怒、悲伤、爱）的反应。

⑤ 我满意于家人与我共处的方式。

以上问题回答“经常”为2分，“有时”为1分，“几乎没有”则为0分。计算方式为得分加总。

你觉得孩子会得到几分呢？事实上，孩子得到几分呢？

分数标准（仅作为了解家庭功能的概略参考用，无法提供特定的专业建议）：

① 7～10分：表示家庭功能无障碍。

② 4～6分：表示中度家庭功能障碍。

③ 0～3分：表示有重度家庭功能不足。

通过以上量表的评估，你应该可以得到一个基本的参考值，不论分数是多少，最重要的意义在于提供给我们看待家庭功能的具体方向。如果你发现有些地方似乎不是那么满意，或是你觉得孩子可能也感到不满意，这代表我们或许该想想这个部分发生了什么问题？而我们可以怎么改善它呢？

通过思考这些问题，相信我们与孩子的关系又会更近一步。

给父母的建议

吸毒的年龄层有越来越下降的趋势，它是一个刻不容缓的重要问题。因为一旦沾染上毒品之后，它带来的破坏是非常巨大的，但好消息是，一旦家庭的功能越完整，便越能为孩子建立起天然的防线，阻隔不必要的伤害。

此外，不管是在学校或家庭中的毒品危害教育都是相当重要的，通过对毒品的正确知识教育，才能够在孩子的认知上起到杜绝的作用。

关键问题 20

献给过动儿家长的你

我们都有同样的希望，当未来检视与孩子的关系时，他能看到包容中的理解，而非误解下的对立。

这几年我和许多过动儿一起合作，试着协助他们解决目前生活中遇到的问题，以及适应学校及团体的生活。

在和大部分孩子沟通时，我确实能从孩子身上感受到父母在理解孩子的过程中，必定是筋疲力尽与辛苦的。从孩子课业学习动机低落、人际互动不断冲突、令人担心的品行问题，以及因为这些困扰导致孩子与家人之间不停地面对各种期待不断落空的挫折。其中有很多旁人无从理解的压力，不但孩子难受，更令家长喘不过气来。

毕竟家人与孩子的状态一定是相互影响的，只有我们照顾好自己，孩子也才有机会从我们的稳定状态中受益。

就我长期的接触经验，大部分孩子相当敏感且自尊心强，不但有自己的一套想法，也相当重视自己的表现与他人的评价。在乎别人的看法是青少年普遍的特质，通过他人的回馈来肯定自己的表现，也通过他人的响应来修正自己不当的言行。可惜大多数时候，因为自制力还没来得及跟上，或是过去失败的经验太多，而造成自己和家人的困扰。和孩子讨论这些生活经验时，我发现不少孩子常常处在生气的情绪中，当有机会让他发泄完情绪后，反而可以让他冷静描述自己的情绪，除了生气以外，其中往往还有沮丧、难过等。

“如果可以选择，你以为我会想要自己这么过动吗？我就是真的没有办法控制这些……”这是一个孩子对我说过的一句话，说这话的同时，他低着头，语气相当沮丧。我想孩子自己也不断陷入想要控制但却不得其门而入的挫折与折磨中。他和我们有一样的期待：希望能避免这些发生在身上的麻烦事，希望自己的尝试能够被他人理解，希望他人能肯定他的努力。

然而这些期待，因为受其特质的影响，很少有机会被人看到。大人常常因为过度担心，反而不断地试图掌握和监控，逐渐缩小了孩子选择和尝试的空间，而以冲突的结果收场。然而，当孩子愿意努力的尝试被看到时，你会发现孩子眼中散发出多么不一样的光芒，因为这是他过去的生命中几乎很缺乏的经验。

孩子从高年级到初中这个阶段，除了知识的获得以外，对于自己能力展现的信心、自我控制的技巧、品德与是非的判断、交友对象的选择、休闲活动的爱好，都是探索与了解自我的关键时期。成绩能够通过个人动机、能力与特质等获得。然而自我控制力的培养，却必须在长期摸索与鼓励尝试的氛围中才有机会得到。有时大人因为自己对孩子的担心，导致孩子还没有发展出具体的能力前，想要尝试改变的态度却已经先被扑灭了。

撇开能力不说，孩子在日常生活中，不管是对自己生活的规划、对人际关系的改善、对自己特质的控制等，或多或少都曾经展现出想要努力的态度。如果我们也能看到这样的态度（或称为动机），那或许对于孩子和我们来说，就是一个可贵的契机。尽管孩子嘴巴上不说，但对于他人评价却相当在意，甚至会影响他的表现，而当大人鼓励孩子的态度时，如他试图做了某些生活中的小改变：主动帮忙做了一件家务、静静听着父母说话不回嘴、听话地完成一件简单的小事等，能够从这个角度肯定这些正在发生的事，就是不简单的开始。当父母严厉地控制孩子的同时，能够肯定孩子做事的效率，有些小小的松动和改变就在那里发生了，尽管微小，但是个开始。

鼓励之所以能带来松动，或许最重要的原因就在于孩子感受到被在乎、被相信。如果要鼓励，我会建议鼓励任何与自我觉察有关的行为。自我觉察指的是，站在一个更高的思考点来监控自己的行为、想法，可以说是对自己行为的反省、对自己想法的观察等，比如说："我（思考高点）发现我正在分心（当下状态）。""我（思考高点）知道我这件事情做得太冲动了（行为反省）。"……这些觉察通常是自我监控的基础，而监控是控制的开始。

孩子在家中的管教是绝对且必要的，行为处理的各项基本原理缺一不可。然而尺度的拿捏，却是另一个令我们头痛的挑战。孩子在家中的表现通常会比学校更自在，而父母常因为孩子在家中过度的自在，而挑战管教的原则，并造成冲突的结果。换个角度来想，如果对孩子来说回到家这件事是一天中最放松的时刻，这代表他在学校忍了一天的情绪、不满或挫折也只有在家中能够得到缓和，以便继续面对明天的挑战。若是这样，我相信这是某种"弹性"的能力，因为在家中放肆之前，他或许已经在学校忍耐一整天了，通过环境的转变调节压力，这也是值得肯定的一种能力。

关于界限与规则这件事情，我可以理解家长的压力与疲惫。如果管教规则的要求从孩子能从放松中得到纾缓这个角度来思考，或许有助于缓和家庭冲突。比如生活作息或功课，大人可以用非常认真的态度或是家庭会议的形式，和孩子讨论完成的时限、教导孩子写作业的技巧、一起取得鼓励与处罚的共识，引导孩子逐步养成自我约束的习惯，这样家长就不用总是盯着孩子，而导致亲子冲突的结果。

当然，一旦如此，势必要面临某些取舍，来换取亲子间相对自在与友好的新关系，同时父母必须通力合作，才能看到改变的趋势。

我们都有同样的希望，当未来检视与孩子的关系时，他能看到包容中的理解，而非误解下的对立。

一直以来，我深切地感受每个孩子对父母的情感，只是在管教与关爱的摆荡之间，往往让双方的关系出现对立和冲突。

诚挚地向家长表示敬意，为了这份身为父母而无尽牵挂的心意。

给父母的建议

面对精力旺盛的孩子，家人的教育态度一致是非常重要的，在大方向上可以采取比较严谨的立场，而在生活的细节中可以给予适度的放宽，否则孩子整天在学校面对不变的环境，对他不但是一种折磨，也是一种心力的消耗，还会影响与家人互动的质量。有些孩子因为喜欢尝试新鲜的事物，或是得不到肯定，而开始与有偏差的孩子接近，若出现这类情况，父母千万不要用责骂的方式处理，而是试着理解孩子想要被肯定的心理需求，有机会就陪孩子谈心，这对孩子来说是很重要的体验，当他感受到家人不会因为他的表现而否定他的价值时，孩子就能够把精力放在正当的事情上，并通过努力获得更多的肯定。

第四部分
我想和你一起面对

在这个阶段，孩子更需要你的支持与肯定，但同时，他也想要展现自己的权利，这是相当矛盾的心情。所以重要的不是孩子表现出叛逆的行为，而是你用什么样的态度面对孩子与你的冲突。

关键问题 21

青春期就一定是叛逆期吗

很多人用叛逆期形容这个阶段的孩子，但如果你仔细思考叛逆这件事，就会发现这个词背后其实偷偷躲着一个逻辑——“你要服从你的父母，不管他们的指令对不对，如果你不服从他们，你就是错的，那么你的行为就叫作叛逆。”

我还记得初中时，14岁左右，有一次周末和其他班的同学在学校操场玩“鬼抓人”游戏，有一轮换我当“鬼”，但不知道怎么搞的那一轮抓起来特别不顺，每个人都好像说好互相支持一样，结果我只能不断徒劳无功地来回跑动。在跑了几趟抓不到人之后，我突然像发疯一样揪着其中一个喊“暂停”的孩子，使劲地拖拉，他整个人被我拖到地上，当时那个孩子吓傻了，看着我一语不发，我只记得自己气呼呼地瞪着他们，接着就一个人跑开了，留下那群一脸错愕的同学。

20多年后，这一幕仍不时在我脑海中浮现，那个被拖行着一脸惊恐的同辈、其他手足无措的玩伴以及怒气冲冲的我。到现在，我仍然不太清楚为什么我会那么生气，只记得当时想到“你们全部联合起来欺负我一个人”时，一股火气马上跟着上来，冲突就这么爆发了。如果你问我知不知道这很蠢，我当然知道这种反应很奇怪，但你若问我明明知道很蠢为什么还要这么做，我会跟你说：“我完全不知道为什么。”

“我不知道”大概是青春期孩子最令人无法接受的经典理由之一。如果是我，也无法接受孩子做出荒唐事后塞给我这个答案，不过很多时候，他们真的就是一时冲动，于是失去理智的判断。在这几年来我接触了大量初中生后，再回想起自己当时的经验，我开始慢慢了解到一件事情，或许我在初中这个阶段，大脑开始出现了不少的变化，大概包括激素、情绪和理智三个部分。

激素是我进入青春期的证明，但它同时影响着我的情绪状态，并且让我的情绪总是如风暴般地来去变化。一旦情绪风暴起来时，它就是在和理智拔河，无奈激素就像情绪的大补丸，一旦开始发生作用，理智就几乎输了一半。于是我领悟到原来成长最重要的任务除了学习如何对自己负责以外，还要学习怎么面对情绪，以及在情绪中控制自己。

叛逆期是孩子必然会经历的吗

很多人用叛逆期来形容这个阶段的孩子，我不知道你是否赞成，但如果你仔细思考叛逆这件事，就会发现这个词背后其实偷偷躲着一个逻辑——“你要服从你的父母，不管他们的指令对不对，如果你不服从他们，你就是错的，那么你的行为就叫作叛逆。”

顺着上面这个逻辑，现在我要请父母思考以下这些问题：

① 谁该服从谁？

② 为什么要服从？

③ 为什么不服从就叫作叛逆？

④ 不服从就错了吗？

⑤ 到底有没有对错？

你的答案是什么？当你在思考这些问题时，会渐渐发现一件事，好像当我们用“叛逆”这个词来看待孩子在青少年时期的改变时，就可以把很多我们对孩子感到不了解、不清楚或不知道的言行，都丢到一个叫作“叛逆”的箱子里。当作是孩子在使性子、耍脾气，等到时间过了自然就会改变。事实上，叛逆期并不存在，它是大人给孩子扣上的一顶帽子，意图从叛逆的角度，解释我们面对孩子青春期的转变时，无法耐心理解的现象。

青春期孩子心理大揭秘

至于为什么孩子在这个阶段会表现出这些行为，我只能说，过去孩子还小的时候，父母的威力太管用了，大声喝止、禁止游戏等，都能达到让孩子马上服从的效果。威力好用到我们都忘记孩子会长大，会开始思考，会懂得利害，会发现他不再只是一个没有意见的小孩，会惊觉我们不断用限制的方式试图控制他的表现。于是这些觉察开始慢慢地在每次的管教中发酵，在每次与父母意见不合的强迫接受中发酵，在每次表达想法却被不耐烦的拒绝中发酵，最终形成彼此冲突的基础。

而我们自己十几年来占尽权力上的优势，在孩子突然长大之前，一下子来不及改变过去的习惯。孩子自我意识发展，我们仍然守旧；父母的权力开始遭受到质疑，说话的分量因为孩子的抗拒而减轻，都令我们心中有一种身份的失落及威信被挑战的不悦，于是亲子之间开始发生碰撞与摩擦，带来冲突与冷战。不过更矛盾的是，我们大人总是不自觉地想把对孩子的控制从过去的小时候延伸到长大后的时空里。

“叛逆期”，于是有人这么称呼青春期孩子的这个阶段。

但孩子自始至终都是在做一件事：“试着通过违反规则，来接触规则的边缘；试着从碰撞当中尝到独立的滋味，试图在被理解的过程中理解自己。”

于是一边要独立，一边不愿放手，哪有不冲突的道理，最理想的方法就是，接受独立是必然，但努力在情感上维持高质量的联系。

因此，孩子的情绪起伏中有一部分是来自对被控制的不耐烦，这也是我们必须面对的事实，因此一旦你觉得孩子有叛逆期的苗头时，请记得告诉自己，这代表他正在向你传达一个重要的信息：“我们的关系正在迈入一个新的阶段，请你试着好好地理解我。”

因为在这个阶段，孩子更需要你的支持与肯定，但同时，他也想要展现自己的权利，这是相当矛盾的心情。所以重要的不是孩子表现出叛逆的行为，而是你用什么样的态度面对孩子与你的冲突。我的建议是："先找到机会肯定孩子，这样就有机会聊天，再创造机会谈心。"为什么这个阶段的沟通变得更加重要呢？这是一个很简单的投资报酬问题，孩子终究会从你身边离开、独立，但你们彼此关系的质量，往往决定着他心中对于家庭的感情深厚程度。也就是说，你现在在亲子关系上的投资，是为了给孩子将来身心的健康发展和日后你们互动的质量奠定比较稳固的基础。

人际关系是生活的重心

激素不仅影响孩子的情绪，还影响孩子的人际关系。不论是在交友、异性关系上，孩子会比从前更加在意自己的形象，所以他会花更多时间照镜子、梳妆打扮、对异性的话题更有兴趣，甚至做出很多令人匪夷所思的事情。

而在这个阶段中，父母对于孩子的交友状况也需要多多注意，因为孩子在这个阶段比较容易受到同辈的影响，所以在某些价值观和行为上，也容易出现模仿的效应。从孩子的言行当中，父母通常可以很敏锐地发现他是否有不对劲的地方，一旦发现，就要找时间跟老师和孩子好好了解发生了什么事情，从预防的角度来思考孩子的交友是有必要的。研究指出，八成的初中生很在乎父母的意见和看法，但是只有不到四成的孩子会接受父母的建议，而对朋友意见的接受度却高达七成，这不见得代表朋友的意见特别重要，而你向孩子表达意见的方式却是十分重要的。

重点是要关心，而不过分干涉，因为干涉会让孩子越离越远，而表达关心是维持关系的关键，虽然孩子很在乎你的看法，但别因为你的态度让孩子抗拒你的建议。

给父母的建议

孩子在步入青春期后，亲子关系将会踏入一个从摩擦到磨合的阶段。在这个阶段当中，冲突在所难免，孩子在乎自己的感受是否被如实听到，而我们也试着从过去的习惯当中调整出新的应对态度。这个阶段也是孩子的情绪与理智不断在拔河的时期，而激素让这一切变得更加复杂而明显。

如果你想要在这个阶段维持和孩子比较良好的沟通质量，试着先把他当作你的朋友，听他说、肯定他，你往往就能正面地影响他。

关键问题22

青春期高效能沟通法

孩子需要被肯定，孩子有他的期待，孩子有他的愿望，如果你看得清楚，就能够知道重心应该放在哪儿，应该如何取舍。清楚自己的底线，双方就有了交涉的依据。

“老师，您是学心理学专业的，比较懂沟通，这我实在是不行，想请您来跟我孩子沟通一下，他……”

孩子就读初、高中的家长，常常会把沟通的重大责任交给我，希望由我出面去劝劝他们的孩子，因为他们觉得自己跟孩子说话时，孩子总是爱理不理，或是说不了几句就吵起架来。

“啊，您通常都怎么跟孩子说话呢？”

“我就叫他不要再熬夜了，他就说好好好。”

“然后呢？”

“然后他每次都给我在那里说好，又不改，我看到他又想敷衍我，我马上就生气了，直接把他的计算机插头拔掉，结果他整个人暴躁起来，对我又跳又吼的，冲进房间到现在都不跟我说话！”

父母真的很无奈。

消除对立的沟通技巧

关于初、高中生的亲子沟通，这实在是一门大学问，介于小朋友跟成人之间的这个阶段，有时候互动起来真的是很难把握。在介绍沟通技巧之前，先分享一则小故事，也是我亲身体验到沟通技巧如何改变一个人的真实经历。

我初中时有一阵子很顽皮，上课喜欢在台下跟老师唱反调，同学一笑我就觉得很有成就感，而且我还会挑老师“下手”，越温柔脾气越好的老师，就越是我的“目标”。但我捣蛋都有一个限度，不会到直接在上课时煮火锅的地步（因为教室插座总是坏掉，而且零用钱也不够买火锅食材）。

某天上自习课时，老师在讨论上一节的英文考卷，她问全班同学："谁可以告诉我，选择题第三题为什么答案是第四个选项，不是其他的？"

我在台下以全班都听得到的音量回答她："因为其他三个都是错的呀！"

全班同学一阵窃笑，我感到很得意，我猜当时老师应该也是很无奈的，因为我的调皮都是游走在边缘，想罚我也很难有具体的事实。直到有一次，老师在全班修改考卷时把我单独叫到教室外，我正以为她要开口骂我时，她却看着我，轻柔地说出整整影响我三年的话："品皓，我在班上观察你好一阵子了，我发现你其实是一个很聪明又灵敏的孩子，反应很快而且人缘很好。"

老师停了一下静静地看着我，我原本以为要被骂的抗拒心理也顿时消失了。

"你有很正面的影响力，可以感染你身边的人，你看你只要一搞笑他们就跟着开心，看到他们开心你应该也很开心吧，是吗？"老师反问我，我点点头。

"不过，有件事情我想要请你帮忙，因为这让我感到有点儿困扰。”

请我帮忙？我能帮老师什么忙？

“当我在上课的时候，如果你能够发挥你的影响力，就可以帮助到某些同学，他们很需要好好地学习英文，而你是班上少数几个有这种影响力的人，你愿意吗？”

“嗯。”我点点头，心中突然有一种他乡遇故知的感动。

“没问题，我该做什么？”

我感到血液已经在胃部翻腾，有一种摩拳擦掌要好好干一番大事业的激动，我专注地凝视着老师，等她发号施令，我就随时往前冲去。

“在我上课的时候保持安静！”老师简洁地下达指令。

“这对我和需要学习的同学来说，是一个很大的忙，你觉得你做得到吗？”老师又问道。

“我做得到！”

血液已经沸腾，我心里充满豪情壮志，原本以为老师只是觉得我欠骂，都已经准备好怎么回复她了，没想到我在她眼中这么优秀，而且只是简单的动作就可以帮到老师和同学。“帮忙”这个词激起了我的侠义之心，我决定一定要给老师这个面子。

于是，我在课堂上安静了三年。

沟通的技巧

如果你仔细看这位老师当时做的事情，以及表达顺序的安排，你就会发现我的老师是一位谈判沟通大师，因为这一段对话几乎融合了经典的沟通技巧。好好品味一下它的精髓，你就能掌握与青春期孩子的沟通关键。我把它拆解如下：

第一步：跳出剧本

▲戴帽子。戴什么帽子，就表现出什么样子。先具体肯定孩子的表现和能力，你听过心花怒放的人会抗拒别人的建议吗？很少，当过销售员的都知道这一点。

▲说出困扰。将你的困扰如实、具体地说出来，不要加进任何与事件无关的批评。孩子都很敏感，如果你的困扰当中有任何批评的部分，他会下意识地开始防卫，并且找出任何理由来反驳你。既然我们是在沟通不是在辩论，就不要彼此攻击了。

第二步：同理倾听

▲同理需求或困难。基本上，我们都会先假设孩子的表现或行

为背后有他的动机或困难，你可以试着猜猜看，问他是不是，这样即使你猜错，但孩子还是会觉得你在试着了解他，而不是找到机会就要否定他。

第三步：说出目标

▲提出邀请。邀请，不是命令。邀请是一种希望你和我一起达成某个目标的方式，不管是邀请的人或是被邀请的人，在权利上是相当接近的，所以对初中生来说，合作的方式会比命令要求的方式更容易被接受，既然你不可能命令孩子一辈子，不如趁现在好好培养合作的模式。

▲确认邀请。提出你的邀请后，记得问问孩子有什么困难或是担心，有时候孩子表面上答应你，但心里还是有纠结和疑惑的，提出你的关心，这对孩子来说很有意义。

其实，很多孩子在成长的过程中，对于父母会怎么说、怎么反应都已经相当熟悉了，熟悉到他心中有一套你的反应模块或称之为剧本，如“完了，他一定会打死我”“他绝对不会在乎这个，他眼里只有成绩”等。这都是孩子心里对我们大人的剧本设定，来自我们过去互动的经验。因此很多时候孩子的抗拒或冲突，是因为他在我们还没开口说话之前，脑子里就已经把这个大人剧本先模拟好了，这样他就可以知道该怎么抗拒或防卫你。

因此，沟通的第一步就是跳脱孩子对你设定的剧本。你觉得在孩子心里，你属于哪种主角呢？

剧本1 长辈我最大型：“好了，不要再说了，是你懂还是我比较懂？”

剧本2 全盘否定型：“你每次都这样，要说几次你才懂，没一次做对。”

剧本3 “都是你的错”型：“网络坏掉了？我就跟你说少用一点儿，又被你弄坏了！”

剧本4 唯有读书高型：“书读完没？有事情想讨论？等你读完书再说！”

剧本5 物质奖励型：“去读书好不好？这次考好爸爸送你手机，还是平板电脑？”

剧本6 精湛内心戏型：“……”（平时完全没话可说）

以上剧本可以随意相加组合，因此，掌握了这几个沟通的基本元素，不需要再求助任何专业人员，你也可以成为亲子沟通高手。不要忘记，八成的孩子在乎父母的看法，不到四成的孩子会接受父母的意见，但是高达七成的孩子对同辈的意见照单全收，而孩子如何做往往取决于你的态度。

至于我的那位初中老师，毕业之后的几次同学会，我和同学分享起这段往事，同学听到后吃惊地说："搞什么鬼呀，她也这么跟你说？"

"什么意思？"我一头雾水。

"她也是这么跟我说的。"

我们静默了一会儿。

"阿贤说老师也对他这么说过。"同学又补上了一句。

这次，一阵淡淡的哀伤突然飘过了我的心头。

给父母的建议

大部分人与人之间的问题，关键都在沟通。抓住动机，就能引发趋势，而动机来自肯定、愿望和期待，能够将这三个元素融合进沟通当中，即使无法马上带来改变，也能种下改变的种子。孩子需要被肯定，孩子有他的期待和愿望，如果你看得清楚，就能够知道重心应该放在哪儿，应该如何取舍，清楚自己的底线，双方就有了交涉的依据。

关键在于，你喜欢自己被怎么对待，你就会知道该如何开口表达。

关键问题 23

孩子的自我概念与生涯规划

我们可能要看清楚一件事：孩子的未来并不取决于他现在的表现，而是在于能够让他产生自信的领域。

兴趣引发专注，专注萌发自信，自信化为成就，成就进一步带来更多的兴趣。

你担心孩子的未来吗？

你担心孩子将来没有能力和别人竞争吗？

你担心孩子将来能否在人际关系中适应吗？

你担心孩子将来能否安稳平顺地生活吗？

如果这些都是你担心的部分，这一篇我想和你分享我的看法。

当孩子年龄越大，我越能够感受到父母对孩子的牵挂，其中一个核心就是孩子的未来。我们有一天都会离开，不管我们留给孩子什么，我们最由衷的期盼就是孩子能够找到称心的工作、拥有完美的关系或家庭、顺遂而健康。但这些期待太过抽象，抽象到我们没有具体的方法可以预测孩子的未来，因此唯一可以参考的只有孩子在学校的表现，所以我们就把对未来的担心和孩子现在的表现紧紧绑在一起。

生在一个变化超过想象、现在无法预期将来的时代，孩子的未来究竟在哪里？当网络产品变得普及，看到孩子花费大量时间在课本以外的娱乐、沉迷在充斥的信息里时，我们的担心就变得更沉重了。

有关孩子生涯发展这件事，我们很难用过去的知识来教育现在的孩子，然后就期待他有能力处理未来的问题。因为知识与信息的更替与传播已经大大超过我们过去的脚步与想象，而许多过去我们听过的工作需要现在都已经消失，并且会蔓延到未来。

究竟在这样的时代中，我们该如何看待孩子的生涯发展这件事情呢？

我们可能要看清楚一件事：孩子的未来并不取决于他现在的表现，而是在于能够让他产生自信的领域。兴趣引发专注，专注萌发自信，自信化为成就，成就进一步带来更多的兴趣。课业当然是其中一个。但更重要的是，推动他继续前进的动力，而这个动力来自他怎么看待自己，孩子怎么看待自己，就是我们所说的“自我概念”。

什么是自我概念？它有什么重要性？

很多人会把自我概念和自信相等同，事实上它们不太一样。自我概念是对于自己的觉察与认识，是指“我如何看我自己，我如何评价我自己，我的态度、价值观、信念分别是什么”等的了解，是一个比较宏观的角度，通常会受到环境影响。而自信是其中的一种状态；自信心低会影响自我概念，但是自信心低自我概念不一定就不好，举例来说，我的自我概念是我很乐观、幽默，人际关系也很好，但是我对于自己在运动方面的表现并没有自信。

自我概念既然会影响我对自己的看法，那么当然也会影响我和外界环境互动的方式，自我概念健全的孩子，与环境互动的质量相对也就较好。

初中阶段的孩子还在摸索中试着了解自己，他必须通过经验、尝试，然后在时间的曲线中建立起“我自己是个怎么样的人”的看法，因此，经验就是一个很重要的关键。经验包括课业的表现、面对挑战的心情、人际关系的好坏、与父母互动的内容和质量、在兴趣上的展现等，这些他所接触的日常生活范围最终都会影响他对自己的看法。我个人觉得影响最大的关键是来自和家人互动的质量，是否在包容和接纳的氛围中互动，是否鼓励孩子多多尝试……自我概念就是在这些环境中慢慢地萌芽、发展的。

因此，我们只要协助孩子建立几个基本的态度，对于他日后的发展将会带来相当重要的影响，就好比一辆汽车，自我概念像汽车的引擎，引擎好也需要轮子配着跑，因此，这几个态度就是带着孩子在日后的人生中往前跑的轮子。

1. 关于责任

有些人习惯让别人帮自己做决定，借此逃避自己必须面对的责任，但往往却因别人的选择违反了自己没有说出口的意图，而用责备、攻击表达自己的不满。事实是，任何决定都会有好坏两面，我们永远无法割裂这两者，因此，决定意味着在事前就必须让孩子去做出选择，以及承担选择之后的后果，那就是责任的萌发之地，我们过多地介入与参与决定，有时候是剥夺孩子练习负责的机会。

成熟有时候指的是：即使决定的结果必须面临意想不到或害怕的局面，也愿意亲身面对。协助孩子面对自己的责任，是承担的开始。

“逃避解决不了问题，面对的过程即使不轻松，结果本身也是一种丰富”，是我们可以陪孩子在每个尝试、面对挑战的真实经验中，帮他总结的一句话。让这句话和他的经验联系起来，就能深深地烙印在他的人生观里。

2. 关于价值

在孩子的人生中，他一定会遇到很多失败、被拒绝、被误解的时候，但我们可以努力传递给孩子一个概念：永远不要让考试卷上的分数、日常的标准或是别人的批评来决定他的价值。因为孩子独特的地方会在他真正喜爱的事物中展现出来，我们要做的，就是一起努力找到它。

对自己感到有价值的孩子，他对自我的要求、对挫折的耐受度、对未知的挑战也会有面对的勇气，同时他也能够避免环境中潜藏的诱惑和风险。

3. 关于人际

人际关系，包括同理心、情绪管理和人际交往的技巧，这些东西补习班没法教，因为都是一些潜规则，那么孩子该如何学习这些潜规则呢？真实的经验、互动中的观察和阅读书籍等都是很好的学习途径。

另外，不用太担心孩子的个性是容易吃亏、隐忍或是太过主导、傲慢，这些孩子展现出来的特质在环境中会得到磨炼，我们要做的就是给予他机会去磨炼，并且避免把失败或挫折引导到对他人格的批评，而是给他提供你的看法和建议。批评和建议最大的差别就是是否能真正地帮助孩子学习，以你自己在职场或婚姻中的经验作为参考，你就会知道该如何避免批评，怎样提供建议最恰当，也最容易被接受，因为让你感到舒服的方式就是让孩子感到舒服的方式。

4. 关于学习

学习是需要动机的，没有动机的学习是在应付，应付的能力会枯竭，不会长久。在学习过程中，有两个因素，一个是你有强烈的动机，另一个就是老师把玩游戏和教学结合在一起，因此学习变得很有趣。如果孩子有能力读书，那么我们就鼓励他继续努力，如果孩子对读书暂时找不到动机，与其拘泥在成绩上，不如去注意孩子在生活中有没有任何可以引起他兴趣的领域，兴趣会激发更多的学习动机。这么说并不是否认读书的重要性，做好自己的分内事，仍然是孩子的责任所在。

发展健全的自我概念和态度，是往前跑的关键。

我曾经服务与协助过的孩子，他们或许不是学业上的优等生，但他们可以是自己人生的模范生。我期待每个孩子都有机会在他们热衷的领域当中，通过身边人的支持、引导与陪伴，找到自己独特的价值。有太多为了父母期待而学习的孩子，在疲乏倦怠之后，开始不再学习，做着一份自己不太喜欢的工作，丧失了对知识的兴趣、对生命的好奇，每天最累的就是不断通过这种方式抱怨、麻痹自己的人生。

你希望孩子也走上这条路吗？如果答案是否定的，那么就要勇于克服自己的思维惯性，让孩子自信地为自己的人生努力打拼。

给父母的建议

孩子对自己的看法，是影响他一辈子生活质量的心理基础，你如何对待他，他便如何看待自己。同时，父母也请不要忘记让孩子适当地面对挑战与挫折，许多家长以为好的自我概念必须在完全正向的环境中才能得到，因此应该避免让孩子体验失败，这是对“正向”一词的误解。所谓的正向，是指我们拥有自我肯定、自我修复的能力，能够在成功中肯定自己，能够在挫折中勉励自己，这些都是通过经验一次一次积累，在家人一次一次引导下才能逐渐形成的，重点是他在这些经验中所接受到来自你的诠释，同样是面对失败：

“失败了会很难过，这很正常，没有关系的，等到好一些时，我们可以继续再找方法来克服它”和“失败了吧？就跟你说会失败吧，你不听我的建议，现在这个结果是你活该”相比，对孩子的影响就会很不一样。

另外，本篇并不否认读书的重要性，相反，面对义务教育这件事情，若孩子在学习上效率不佳，我们就必须先设法协助孩子，找出并解决学习上的问题。

关键问题 24

当孩子遇到困难时，我能向谁求助

有时候改变孩子的关键并不见得是专业的技术，而是彼此长期互动下来培养的关系。当关系得到厘清与滋养，问题自然也就慢慢地跟着消除了。

当父母观察到孩子有些令人困扰的状况，并且担心影响孩子的适应时，往往会想要赶快求助专家的意见，这时候该怎么办呢？

孩子在学校的时间占了一天的1/3，因此在大部分情况下，学校的老师、辅导系统、教务系统都能够提供适当的管教与处理，因此父母最重要的关键就是尽力和学校合作。

孩子在学校里，相处最多的人是老师。因此，可通过老师了解孩子在学校学习的状况。而父母如果能够提供过去的经验、家里的观察，也有助于彼此信息的整合，共同找出可能的关键原因，否则在信息有限的情况下，我们往往很难对症下药。

我接待过一个情绪暴躁的初二的孩子，他只要一生起气来就会在教室里摔东西，询问他原因，他也说不出口。学校试着邀请父母一起合作，希望能协助孩子有更好的适应方式，但当时孩子的妈妈坚信事情并没有那么严重，是学校太大惊小怪，孩子只是一时情绪不好，而不愿意让学校辅导老师介入。然而，事情并没有妈妈想得那么顺利，孩子的问题变得越来越严重，除了在课堂上摔东西之外，对同学大声咆哮，把整间教室搞得人仰马翻。见到这种情况，妈妈终于改变态度，愿意让孩子跟学校的辅导老师交谈，试着找出孩子受到情绪困扰的原因。

通过老师的细心观察及持续关心，具体收集孩子实时的状况，辅导老师定期的个别交谈，试着让孩子看见自己的情绪状态，同时，父母也努力地跟学校合作，与学校一起建立一致性的管教原则，这个原本超级暴躁的孩子开始变得不一样，学会了如何控制自己的情绪，用正确的方式表达自己的需要，最后在孩子与父母身上终于看见久违的笑容。

除了老师之外，这些专业人员还包括学校心理医生、学校社工师，他们会提供哪些服务呢？以下简单介绍：

1. 学校心理老师

学校心理老师包括临床心理医生与心理咨询师，分述如下：

A. 临床心理医生：具备临床心理学研究所的医疗背景，且经过医院全职实习一年合格。临床心理医生除了个案辅导的交谈与评估外，也具备医院身心科训练的背景，会提供身心医学模式的参考与建议。

B. 心理咨询师：具备心理辅导、咨询研究所背景，经咨询机构实习一年合格的专业人员，提供各种心理困扰的专业服务。

2. 学校社工师

学校社工师专门提供社会资源联系、家访、个案辅导等专业协助。很多孩子在学校的状况，通常是家庭问题的延伸，不管是家庭结构的问题、经济的问题还是家人之间的困扰，通过社工师的协助，不仅可以协助家人看到问题的症结所在，也能够让各种社会福利资源得到最妥善的运用。

有些家长相当排斥孩子与老师或专业人员接触，因为担心会被学校贴上“问题学生”的标签。这在以前民风保守、知识未开化的年代，或许会有这样的隐忧，然而以我在学校多年的观察来看，很多在班级中或家庭里出现困扰的孩子，通过学校各级辅导人员的协助后，都能够针对孩子的需求，共同讨论出相应的策略与方法，使得问题能得到有效的处理，获得明显的改善。因此，只要家长愿意开诚布公、信任彼此的合作关系，和老师以及专业人员一起合作，便能让我们的孩子在更开放的态度下在人生不太平坦的道路上走得更稳健、更有力量，创造家长、老师、学生三赢的局面。

如果可以，我们当然希望孩子的问题在家庭里或者学校中便能获得解决，但有些时候孩子的问题很复杂，此时，就需要更多的专业资源一起来帮助孩子。

小伟从初一下学期开始，整天都觉得有同学在背后说他坏话，学校老师的眼神也让他觉得不怀好意。当时，我和辅导老师评估孩子出现疑似被害妄想的情况，将这样的评估以及后续可行的方式告知家长，希望寻求精神科医生共同帮助小伟时，小伟的爸爸断然拒绝了我们的建议，甚至认为是学校在推卸责任，不愿意帮助小伟。后来，小伟的情况越来越严重，小伟的爸爸又转而向学校求助，而这中间的耽搁差点儿让孩子出现更加极端的情况。因此，面对孩子某些身心困难的专业问题，不妨交给专业人士帮忙，共商策略，忽视与逃避往往只会带来日后更大的风险。

每个学校的辅导团队都希望能够提供孩子、家长以及老师足够的服务，不过当孩子问题的程度非常紧急、严重、危害到生命安全，或是出现精神症状时，学校会提出其他的建议，例如就医、转介相关机构等，目的就是协助孩子可以适应得更好。

就像小伟的故事一样，有些家长会把学校建议就医的建议，解读成推卸责任的借口，然而事实上，通常老师或辅导人员会提出就医的建议，是因为观察到孩子有不寻常的表现，或是状况不在一般孩子的平均水平内，老师或专家无法依据过去的经验做出有效的判断，或是依据过去经验评估就医是对孩子最适当的选择时，才会向家长提出忠告。

除了大型医院设有精神科以外，许多学区周边也有精神科医师开设的心理诊所以及心理咨询师开设的心理咨询室。不管是精神科、诊所还是咨询室，都必须是专业人员才能设立，且能够提供全面、细微且深入的专业服务。因此有地区或时间上的考虑，也建议可以就近到这些专业机构寻求协助。除了精神科有医保支付以外，诊所及咨询室都是提供自费服务，好处是等候时间不会太久，且安排的时间非常充裕，能够让孩子和家长都得到适当的心理照顾。

给父母的建议

孩子在学校有适应困难时，学校会视严重程度，转介适当的辅导人员进行协助，从家庭、学校的角度进行评估，提供心理、社会层面的服务。

如果父母觉得孩子似乎有状况，或是遇到不知道该怎么处理的情况时，也可以主动向老师提出专业咨询的需求，让辅导人员和父母一同来协助孩子。孩子的问题若不在这个阶段获得妥善的介入和处理，日后我们可能就要付出更多额外的代价来面对。对于家人来说，如果父母可以提供适当的陪伴，那么亲子之间的关系就能得到滋养，孩子也有机会在困难中逐渐复原。